Sören Sieg

Entweder der Baum steht schief oder ich

SÖREN SIEG

ENTWEDER DER BAUM STEHT SCHIEF ODER ICH

HEITERE WEIHNACHTS KATASTROPHEN

GOLDEGG

Umschlaggestaltung, Bildrechte: Guter Punkt, Agentur für Gestaltung, München
Rechte Autorenfoto: Sören Sieg

Der Verlag und seine Autor:innen sind für Reaktionen, Hinweise oder Meinungen dankbar. Bitte wenden Sie sich diesbezüglich an verlag@goldegg-verlag.com oder soeren.sieg@gmx.de.

Der Goldegg Verlag achtet bei seinen Büchern und Magazinen auf nachhaltiges Produzieren. Goldegg-Bücher sind umweltfreundlich produziert und orientieren sich in Materialien, Herstellungsorten, Arbeitsbedingungen und Produktionsformen an den Bedürfnissen von Gesellschaft und Umwelt.

ISBN: 978-3-99060-386-4

© 2024 Goldegg Verlag GmbH
Unter den Linden 21 • D-10117 Berlin
Telefon: +49 800 505 43 76-0

Goldegg Verlag GmbH, Österreich
Mommsengasse 4/2 • A-1040 Wien
Telefon: +43 1 505 43 76-0

E-Mail: office@goldegg-verlag.com
www.goldegg-verlag.com

Layout, Satz und Herstellung: Goldegg Verlag GmbH, Wien
Printed in the EU

Inhaltsverzeichnis

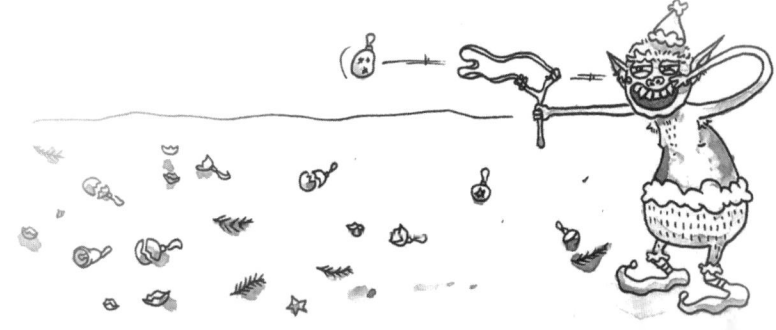

Vorwort

Wir lieben Weihnachten. Wir fürchten es. Wir leiden. Der Baum steht schief. Mein Bruder kommt zu Besuch. Ich habe vergessen, den Katzenkalender für meine Mutter zu besorgen. Trotz Liefergarantie ist der *Star-Wars-Truppentransporter* für Leo nicht gekommen. Der vegane Gänsebraten verursacht Pusteln an den Armen. Tante Hedi spielt das Quempasheft auf der Blockflöte – durchs Telefon. Nachdem ich die ganze Familie überredet hatte, Bitcoin zu kaufen, ist der Kurs kurz vor Heiligabend abgestürzt. Und dann fängt auch noch der Adventskranz Feuer …

Für Ehen und Familien ist Weihnachten das, was der Vesuv für Pompeji war.

Es ist das Fest der Liebe, das nur mit viel Alkohol zu ertragen ist; die Religion der Ungläubigen; die letzte gemeinsame Erzählung; Höhepunkt der Einzelhandelsumsätze und der Suizidstatistik; und der Moment des Jahres, an dem man seiner buckligen Verwandtschaft beim besten Willen nicht mehr entrinnen kann. Aber mit wem sonst sollte man Weihnachten feiern?

Dies ist von meinen dreizehn Büchern das persönlichste, ein *Best-of* meiner 57 Weihnachtsfeste: die traumatischste Bescherung, die misslungenste Weihnachtsmannperformance, der heftigste Familieneklat, die unfreiwillig komischste Predigt und die peinlichste Geschenkidee. Das ist das Tröstliche am Schreiben: Je schlimmer es war, desto lustiger kann man nachher davon erzählen. Und bitte fragen Sie mich nicht, was wahr ist und was ausgedacht. Die Übergänge sind fließend, die Verfremdungen unübersehbar, und die Hinweise auf reale Ereignisse liegen so versteckt wie möglich offen zutage.

Wahr ist: Ich bin tatsächlich Blockflötenkomponist, Lina, Leo und Lukas heißen geringfügig anders, und meine frühere A-cappella-Gruppe spielt immer noch *Weihnachten mit LaLeLu* (www.lalelu.de).

Es gibt vielleicht keinen größeren Weihnachtsfan als mich. Dass unser größtes Fest nicht von Schlachten handelt, von gewonnenen Kriegen und nationalen Triumphen, sondern von der Geburt eines Babys – das rührt mich jedes Jahr wieder zu Tränen. Und zwar immer in der zweiten Strophe von *Es ist ein Ros entsprungen*.

Ich danke meiner Mutter für den besten Heidesand der Welt, Lina für das selbstgemachte Einschlafbuch, Leo für die Kaffeemühle, Lukas für die Marzipanpyramiden, meiner Tante Hedi für ihre liebevoll verzierten Weihnachtskärtchen, Eva für ihre Bereitschaft, den Sieg'schen Weihnachtsoverkill jedes Jahr mitzumachen, meinem Vater für die Ermutigung, Schriftsteller zu werden, und dem Goldegg-Verlag für die Bereitschaft, diesen ganz persönlichen Wahnsinn in die Welt hinauszutragen.

Fröhliche Weihnachten!

1996:
Der Testsieger

In dem Jahr, das die Vereinten Nationen zum Jahr der Toleranz ausgerufen hatten, führte mich die weihnachtliche Schnitzeljagd vom Kaminwohnzimmer über die alte Bauernküche, das Arbeitszimmer meines Vaters und die gefliste Halle in den Kindertrakt nach oben. Und dort stand es, im letzten Zimmer, das Geschenk. Es war ein Fernseher. Ein großer, schwarzer, teurer Röhrenfernseher.

»Pass mal auf, mein Spatzelein«, erklärte mein Vater, »das ist ein Grundig, sehr gut getestet, in fünf von sechs Kategorien 1,0. Der Testsieger dieser Saison.«

Meine Eltern hatten *Spiegel*, *Stern*, *Holsteinischen Courier* und *test* abonniert. Von lebenspraktischer Bedeutung war nur *test*. Mein Vater kaufte ausschließlich Testsieger und wusste die Überlegenheit seiner Käufe mit komplexen Zahlenreihen zu untermauern. Dabei nahm er den Tonfall eines Nachrichtensprechers an. Und meine um einen Kopf kleinere Mutter lächelte selig dazu.

»Ein Grundig, da wird sich das Brüderchen aber ganz doll freuen«, bemerkte mein Lockenkopf-Bruder Matze ironisch. Er hatte ein Roland-Keyboard für sein Studio bekommen.

»Ja, etwa nicht?«, fragte meine Mutter irritiert.

»Na, wo er doch so viel fernsieht!«, legte Matze nach und steckte sich eine Selbstgedrehte in den Mund. Wir hatten *Schafft das Fernsehen ab!* von Jerry Mander gelesen. Das Fernsehen zählte zu der rasch wachsenden Sammlung von Dingen, die wir loswerden wollten: Autos und Schulen, Massentierhaltung und Robbenjagd, Staat und Kapitalismus. Ferngesehen hatte ich lediglich in meiner einsamen Vorpubertät, von neun bis dreizehn, als ich gut war in Deutsch und auf der Blockflöte, aber gehänselt wurde von Mitschülern und Geschwistern. In dieser Zeit waren *Spiel ohne Grenzen*, *Dalli Dalli*, *Der Große Preis*, die *Sportschau*, *Wer bin ich?* und *Am laufenden Band* mein einziger Trost.

Dann wechselte ich die Klasse, kam in eine Intellektuellenclique und lernte meine erste Freundin kennen. Fernsehen war seither gestrichen. Wieso wussten meine Eltern das nicht?

»Das ist ja toll«, stammelte ich, mit aller Macht Begeisterung heuchelnd. Ich brachte es nicht fertig,

meiner Mutter den Stolz über die gelungene Überraschung zu rauben, während mein Vater ungerührt
über den niedrigen Energieverbrauch und die hohe
Bildschirmauflösung dozierte.

Es war nicht einfach, das sperrige Monstrum in
meine Studentenwohnung zu transportieren. Ich ver-
diente damals schon recht gut als Klavierlehrer, Kla-
vierbegleiter und Chorleiter und brauchte das zweite, kleine und dunkle Zimmer meiner Erdgeschoss-
wohnung nicht mehr unterzuvermieten. Ich nutzte es
als Abstellraum, und hinten links in der Ecke dieses Zimmers fand der Fernseher seinen Platz für die
nächsten Wochen.

Bis Christian ihn dort entdeckte. »Wow, ein
Grundig!«, sagte er und inspizierte das Gerät genauer. Ich kannte Christian aus der Zeit meiner Totalver-
weigerung. Er studierte Philosophie, wollte noch viel
mehr Dinge abschaffen und wohnte in einem WG-
Zimmer, in dem die Bücherregale nicht nur an der
Wand standen, sondern wie in einer Bibliothek in
mehreren parallelen Reihen. Wir hatten zusammen
eine Vorlesung über Heidegger besucht, und er be-
mühte sich, so radikal zu denken wie die *Dialektik
der Aufklärung*, aber in einer an Heidegger geschul-
ten Sprache. Es war nie so ganz zu verstehen, was er
sagen wollte. Doch uns verband die Liebe zur Revo-
lution und zur Musik, und eine Zeitlang bildeten wir
mit dem bärtigen Axel ein Trio aus Klavier, Gitarre
und Tabla.

Christian musste sich sein Studium im Lager
eines Elektronikgroßmarktes verdienen, weil er sich

mit seinen Blankeneser Anwaltseltern überworfen hatte. Er war fast zwei Meter groß, weißblond, muskulös, mit kalten blaugrauen Augen, die seinem Gesicht etwas Brutales verliehen, aber diese Kombination wirkte unwiderstehlich auf Frauen, so dass er im Gegensatz zu mir nie Geld hatte, aber immer von gut aussehenden Studentinnen umgeben war. Nun strich er zärtlich über den Grundig wie über einen endlich entdeckten Schatz.

»Guckst du denn überhaupt?«, fragte Christian. Eine rhetorische Frage. Der Fernseher stand mit dem Bildschirm zur Wand im unbenutzten Zimmer.

»Quatsch, du kannst ihn gerne mitnehmen!«

»Ich guck ja auch nicht, aber Adrienne …«

Wer war Adrienne? Die rothaarige Autonome? Oder die strenge Jurastudentin? Ach, nein, Adrienne, das war ja die große, blonde Kunsthistorikerin. Ja, dann …

»Kein Problem«, sagte ich. »Hol ihn dir einfach ab!«

Am nächsten Tag kam Christian mit seinem kleinen Bruder Lars, einer dünneren und pickligeren Kopie seiner selbst, um den Grundig mithilfe von Lars' Kleinwagen in sein WG-Zimmer zu transportieren.

Ich habe nie erfahren, welchen Platz der Fernseher in seinem vollgestellten Zimmer erhielt, aber Christian erwähnte bei unseren Treffen immer wieder, wie gut Adrienne der Fernseher gefalle und wie viele alltagskulturell-habituelle Milieu-Codierungen im Sinne des Wunschmaschinenbegriffs von Deleuze/Guattari sich in *Diese Drombuschs* fänden.

Ich meinerseits hatte mein schlechtes Gewissen über meine materielle Besserstellung gegenüber Christian durch diese ganz persönliche Umverteilung vorläufig beruhigt.

So selten ich Christian besuchte, so selten besuchten meine Eltern mich. Und so kam es, dass sie erst an meinem Geburtstag im November von meiner großzügigen Tat erfuhren, kurz nachdem sie mir eine teure Akustik-Gitarre geschenkt hatten.

»Freust du dich denn darüber?«, fragte meine Mutter, weil ich meine Mimik nicht ganz unter Kontrolle hatte.

»Total!«, beruhigte ich sie. »Ich muss nur erst noch fürs Klavierexamen lernen, für Partiturspiel und Orchesterleitung, und meine Chöre leiten, nicht zu vergessen die Klavierschüler ... aber dann werde ich nichts anderes tun, als auf dieser Gitarre zu üben!« Es wäre mein siebtes Instrument gewesen, und die anstehenden Examen waren sauschwer. Ich wusste wirklich nicht, was meine Eltern dazu bewogen hatte, mir eine Gitarre zu kaufen. Die Tatsache, dass ich nicht damit gerechnet hatte?

»Spatzelein, wo ist denn der Fernseher?«, fragte mein Vater, nachdem er mehrfach die übersichtliche Zwei-Zimmer-Wohnung abgeschritten hatte.

»Der Fernseher? Oh, der. Den habe ich Christian geliehen, weil seiner kaputt war.«

»Wie lange denn schon?«, forschte meine Mutter.

»Seit April, glaube ich. Oder seit März.«

»So lange ist seiner schon kaputt?«, wunderte sich mein Vater.

Ich lachte etwas gezwungen. »Na ja, er hatte irgend so eine Gurke, und vermutlich freuen sie sich, also Christian und vor allem Adrienne, dass sie ...« Ich stockte.

»Also, ich finde das überhaupt nicht lustig.« Meine Mutter gab sich keine Mühe, ihre Enttäuschung zu verbergen. »Wir schenken dir diesen richtig teuren Fernseher ...«

»Das war der Testsieger«, ergänzte mein Vater.

»Und du ...« Meine Mutter nahm ihre Brille ab und begann sie zu putzen. Ihre Augen wirkten klein, rot und müde.

»Mutti, es ist ja nun mal so, ich hab so viel zu tun ... die Chöre ... die Schüler ... die Auftritte ... Examen ... Ich verstehe überhaupt nicht, wie andere Leute Zeit zum Fernsehen finden!«

Meine Mutter schüttelte stumm den Kopf. Mein Vater zog seinen Schmollmund. »Spatzelein, das hättest du uns wirklich mal vorher sagen können.«

»Und die Gitarre verkaufst du demnächst auf dem Flohmarkt?«, fragte meine Mutter.

»Die Gitarre ist großartig«, versicherte ich. »Und wollt ihr jetzt noch ein Stück Marmorkuchen?«

Sie brachen ihren Besuch vorzeitig ab, und ich hatte mal wieder erfahren, dass mein Bemühen, andere nicht zu verletzen, auf lange Sicht alles nur schlimmer machte.

Am folgenden Tag riefen sie an. »Spatzelein, wir konnten die ganze Nacht nicht schlafen«, begann mein Vater. »Was wir da gestern erleben mussten, das ... das hat uns wirklich gekränkt.«

Seine Stimme stockte. Mir war nicht klar, was so dramatisch war: dass ich das deutsche Fernsehen uninteressant fand oder dass ich das Gerät nicht ungenutzt im Abstellzimmer rumstehen lassen wollte.

»Sören, wir haben lange überlegt, was wir da nun machen können …«, fuhr mein Vater fort, in einem Ton, als müsse er von einem unerwarteten Todesfall in der Familie berichten.

Meine Mutter drängte an den Apparat. »Sören, wir möchten das Gerät zurück. Das ist nun wirklich das Allermindeste.«

»Nicht für uns«, stellte mein Vater klar. »Deine Schwester ist ja jetzt in den USA, das macht natürlich keinen Sinn. Aber Matthias würde sich sehr darüber freuen. Die haben in ihrem Gästezimmer noch gar keinen Fernseher.«

Matthias – also Matze – lebte mit Basia, seiner polnischen Frau, in einem Bauernhaus bei Tötensen. Ich musste zugeben, ein Gästezimmer ohne Fernseher war ein untragbarer Zustand.

»Selbstverständlich«, sagte ich. »Ihr kriegt den Fernseher zurück.«

»Es war ja nun nicht irgendein Fernseher«, bemerkte mein Vater. »Es war der Testsieger. Ein Grundig.«

»Absolut. Es wäre das absolute Traumgeschenk gewesen, wenn ich … also, wenn ich halt fernsehen würde.«

»Deine Ironie kannst du dir sparen«, erklärte meine Mutter. »Das Gerät war sehr teuer, so was gibt man nicht einfach weg. Erst recht nicht, ohne uns vorher zu fragen.«

»Es war ein Fehler.« Ich wollte das Gespräch möglichst schnell beenden.

»Deswegen würden wir ihn gern in der nächsten Woche abholen«, schaltete mein Vater sich ein. »Du hast ja leider kein Auto.«

Das traf zu. Ich hatte nicht mal einen Führerschein.

Ich ging einmal um den Block, um mich mental auf den Anruf bei Christian vorzubereiten. Wieder zurück, holte ich tief Luft und rief ihn an. Er war nicht zu Hause. Ich sprach auf den Anrufbeantworter und bat um Rückruf, probierte es dann aber trotzdem jede Stunde. Abends um halb elf erreichte ich ihn.

»Ich war noch bei Adrienne, wir haben *Unser Lehrer Doktor Specht* geguckt. Faszinierend, wie sich die Widersprüche der spätbürgerlichen Gesellschaft hinter dem Rücken der Akteure auf der Folie ihres beschädigten Bewusstseins in so einer verharmlosenden Serienhandlung quasi naturnotwendig demaskieren. Was gibt's?«

»Da sind wir schon beim Thema«, sagte ich verlegen. »Ich habe dir ja im Februar den Fernseher geliehen ...«

»Im Januar«, verbesserte er mich.

»Genau. Und nun ...« Ich erzählte ihm, was passiert war. Und wartete auf eine Reaktion. Zwei Sekunden Stille am Telefon können sehr lang sein.

»So eine Scheiße«, sagte er schließlich.

»Ja, das kann man wohl sagen. Wann könntest du ihn vorbeibringen? Meine Eltern wollen ihn schon nächste Woche abholen.«

Wieder eine Pause. »Ich muss Lars fragen, ich hab ja kein Auto. Ich melde mich.«

Ich entschuldigte mich noch einmal, betonte, wie sehr es mir leidtue, und schlug vor, in den nächsten Tagen mal wieder ins Kino zu gehen, in den neuen Woody Allen. Er wies darauf hin, dass er noch den zweiten Band der *Theorie des kommunikativen Handelns* durcharbeiten müsse, und legte auf. Ich war erleichtert. Er hatte es enttäuscht, aber relativ sachlich aufgenommen.

Bereits am nächsten Tag fragten meine Eltern nach, ob ich Christian erreicht hätte und wann sie das Gerät abholen könnten. Ob es auch schon diese Woche gehe. Matthias sei ganz begeistert von der Aussicht auf den Grundig.

»Bestimmt«, wimmelte ich sie ab. »Christian wird sich bald bei mir melden. Er muss nur noch einen Wagen klarmachen.«

Leider meldete sich Christian weder an diesem noch am folgenden Tag und war auch telefonisch nicht zu erreichen, obwohl ich ihm mehrfach auf den Anrufbeantworter sprach.

Am späten Samstagnachmittag endlich rief er an.

»Christian, das ist ja toll, dass du dich meldest. Wann könnt ihr vorbeikommen? Meine Eltern machen mir die Hölle heiß.«

»Deine Eltern«, sagte er sachlich. »Genau darüber wollte ich mit dir noch mal sprechen.«

»Wie meinst du? Worüber?«

»Überleg mal. Deine Eltern haben dir zu Weihnachten einen Fernseher geschenkt. Das Eigentum an dem Fernseher ist damit auf dich übergegangen. Wie immer man zum Privateigentum steht, sein bestimmendes Moment ist gut hegelianisch die alleinige Verfügungsgewalt des Eigentümers über die Sache respektive den Grundig. Das ist ja gerade der Kern der bürgerlichen Gesellschaft, diese vollkommen entgrenzte private Herrschaft über die Dinge.«

»Ich verstehe nicht ganz, worauf du hinauswillst.«

»Sören«, Christian räusperte sich. »Die Rechtslage ist *totally clear*. Du kannst den Fernseher mit der Axt zerschlagen, ihn in die Elbe werfen, nach Kalkutta schicken oder deinem Freund schenken. Das geht deine Eltern überhaupt nichts an. Sie sind in diesem Rechtsgeschäft unbeteiligte Dritte. Du bist eine selbstständige Rechtsperson, der sie keine Vorschriften zu machen haben.«

»Aber was ist mit dem Fernseher? Wann bringst du ihn vorbei?«

Er räusperte sich ein zweites Mal. »Habe ich mich nicht klar ausgedrückt? Geschenkt ist geschenkt. Wiederholen ist gestohlen. Und jetzt brauche ich dringend was zu essen, ich komme von einer Neun-Stunden-Schicht.«

Aufgelegt. Das war eine unerwartete Wendung. Er wollte den Fernseher behalten. Offenbar nicht um des Fernsehers willen, sondern um mich in meiner Rechtsposition zu stärken, die ich mir so noch nicht klargemacht hatte. Wie immer leuchtete sein

Verstand hell. Ich musste meine Eltern anrufen. Aber die Worte klug wählen. Ich spielte etwas Klavier, spazierte durchs Viertel, briet mir einen Grünkernbratling mit Champignons, ging noch einmal spazieren, schlief eine Nacht, aber dann kamen meine Eltern mir zuvor und riefen an.

»Wann können wir den Fernseher holen?«, fragte meine Mutter. »Matthias ist schon ganz ungeduldig.«

»Mutti, ich habe noch einmal darüber nachgedacht. Und dabei ist mir eine simple Tatsache aufgefallen. Ihr habt mir den Fernseher ja geschenkt.«

»Ja, und?«

»Deswegen bin ich auch derjenige, der entscheiden kann, was damit passiert.«

»Völlig richtig. Und du hast entschieden, ihn Matthias zu geben.«

Ich war verdattert. So konnte man den Hergang der Ereignisse wohl kaum zusammenfassen.

»Mutti, ihr wart sauer und wolltet ihn zurückhaben …«

»Weil du ihn nicht mehr brauchst.«

»Aber das geht euch doch gar nichts an!«

Stille in der Leitung. Mein Vater übernahm den Hörer.

»Sören, kann es sein, dass du mit Christian gesprochen hast?«

»Das ist, äh … warum?«

»Und kann es sein«, fuhr mein Vater fort, ruhig wie ein ausgefuchster Rechtsanwalt, »dass er sich weigert, den Fernseher herauszugeben, obwohl er ihm nicht gehört?«

»Pappi ...«

»Was auch immer Christian gesagt hat«, unterbrach mein Vater schneidend, »du bist der Eigentümer des Fernsehers. Und du hast versprochen, dass wir ihn abholen können. Christian hat ihn nur geliehen. Schon sehr lange. Und wenn er wirklich dein Freund ist, dann sagt er jetzt Danke und bringt ihn noch heute zurück.«

Irgendwie logisch. Genauso logisch wie die Position von Christian. In meinem nächsten Leben studiere ich Jura. Die Wegnahme einer fremden Sache nennt man Diebstahl. Wie nennt man das Abholen einer fremden Sache?

In den nächsten Tagen war Christian telefonisch nicht zu erreichen. Ich fuhr mit dem Fahrrad in die Fettstraße, wo sein blasser Wuschelkopf-Mitbewohner mir die Auskunft gab, Christian sei in letzter Zeit entweder mit seiner Habermas-Hausarbeit beschäftigt oder bei Adrienne. Seinen Erzählungen zufolge würden die beiden viel zusammen fernsehen.

Ich fuhr nach Hause zurück und sprach Christian auf den AB. Natürlich, betonte ich, hätten meine Eltern mir gar nichts zu sagen, weil ich der Eigentümer des Fernsehers sei. Aber er, Christian, habe eben auch nichts zu sagen, weil er den Fernseher ja nur ausgeliehen habe, und zwar umsonst und schon sehr lange. Ich würde ihn daher bitten, mir den Fernseher in den nächsten drei Tagen zurückzubringen. Im Übrigen würde ich hoffen, dass diese dumme Geschichte unsere Freundschaft nicht belasten würde.

Drei Tage später kam ein Brief von Christian. Er hatte mir noch nie geschrieben. Eine energische, kleine Schrift, zwei eng beschriebene Seiten. Irgendwie schien ich in meiner Nachricht nicht den richtigen Ton getroffen zu haben.

»Du sprichst von einer Leihgabe«, schrieb Christian. »Lass mich dagegen einmal die Fakten rekapitulieren. Du sagtest, als wir damals deine Rumpelkammer betraten und ich den Fernseher entdeckte: ›Den kannst du gerne mitnehmen.‹ Was du dagegen nicht sagtest, war: ›Ich kann dir gerne den Fernseher für ein paar Monate ausleihen, bis meine Eltern dahinterkommen, dann aber musst du ihn schleunigst und ohne Verzug zurückgeben.‹ Das hast du nicht gesagt. Und darum sage ich jetzt als dein Freund, dass ich nicht mitansehen werde, wie du deine Eltern mit dir umspringen lässt, als wärest du ein unmündiger Hintersasse, dem man nach Belieben Dinge geben und wieder wegnehmen kann.«

Nun kam er auf seinen eigentlichen Punkt: Mein Beharren auf dem Fernseher sei eigentlich nur aus meinem Gefühl zu erklären, meinen Eltern etwas zu schulden, weil sie mein Studium finanziert hätten. Die Faulheit meiner Existenz als Subventionsempfänger schlage dialektisch so zurück, dass ich nicht das nötige Selbstbewusstsein aufbrächte, meine Eltern in ihre Schranken zu weisen. »Genau deshalb ist es jetzt an der Zeit für dich zu widerstehen, i. e. ihrem Überrumpelungsversuch *deinen Willen entgegenzusetzen*, statt ihn mithilfe einer mündlichen Fristsetzung gegen mich zu wenden und an mir zu exekutieren.«

Ich schluckte. Ich las alles noch mal. *Du kannst ihn dir gerne mitnehmen.* Das hatte ich gesagt, zweifellos. Aber hatte er es wirklich so verstanden, dass ich ihm ein derartig teures Geschenk machte, auf das er nun eigene Ansprüche erheben konnte? War es nicht vielmehr eine rechtlich undefinierte, aber doch in jedem Fall großzügige Geste gewesen, für die ein bisschen Dankbarkeit angemessen wäre, selbst wenn sie nun an ihr Ende kam?

Konnte es sein, dass bei Christians Weigerung, mir den Fernseher zurückzugeben, Adriennes Vorliebe für *Unser Lehrer Doktor Specht* eine gewisse Rolle spielte? Hätten nicht Adrienne und er über den Kleinanzeigenteil für wenig Geld einen eigenen Fernseher kaufen können? Und ging es am Ende gar nicht um Moral und Emanzipation, sondern um sein ganz handfestes Interesse an meinem Grundig?

Diese Fragen flogen durch meinen Kopf, und wie von selbst verfasste ich einen Antwortbrief, in dem ich sie noch etwas ausschmückte (»In Anbetracht der Tatsache, dass deine selbstlose Argumentation praktischerweise deinem materiellen Interesse an meinem Fernseher zugutekommt – ist dein Adorno Habitus nicht ein bisschen überdimensioniert?«).

Sein nächster und letzter Brief traf vier Tage später ein. Die Eleganz des ersten war einem Tonfall resignierter Verbitterung gewichen. Sein endgültiges Urteil fiel ähnlich salomonisch aus wie das Ende von Michael Kohlhaas, der bekanntlich geviertelt wurde, aber seine beiden gestohlenen Pferde zurückerhielt.

So sollte auch ich nun meinen Fernseher zurückerhalten, »um den Preis unserer Freundschaft, die du ja in deinem letzten ›Brief‹ den Raben zum Fraß vorgeworfen hast. Wenn Dinge wichtiger sind als soziale Beziehungen; wenn die Knechte sich diffamieren, statt sich ihrer Herren zu entheben; wenn das Boulevard-Klischee vom *Mann unterm Pantoffel* bemüht wird, um von der eigenen Kläglichkeit im Prozess des Erwachsenwerdens abzulenken – dann befinden wir uns im Innersten des vermachteten, *sich seiner selbst nicht mächtigen* und nicht bewussten, bis ins letzte Atom den Verhältnissen hörigen Einzelnen. Dann kommt so ein ›Brief‹ heraus, wie du ihn mir geschrieben und abgeschickt hast. Dann verbindet uns nichts mehr, aber keine Sorge: Deine Eltern bekommen ›ihren‹ Fernseher ›zurück‹.«

Mit eisiger Stimme fragte er noch am selben Tag telefonisch nach, ob Samstagnachmittag passe, und legte auf, ehe ich versuchen konnte, einen versöhnlichen Ton anzuschlagen; ebenso eisig war sein Gesicht, als er den Fernseher allein zurück in meine Rumpelkammer wuchtete und grußlos die Wohnung verließ.

Ich sagte meinen Eltern, dass der Fernseher abholbereit sei, und erwähnte bei der Gelegenheit, dass ich vermutlich in den nächsten Jahren nicht zum Gitarreüben kommen würde. Mit Zitronenmienen sammelten sie am nächsten Tag Fernseher und Gitarre ein. Danach müssen sie noch lange diskutiert haben, denn ich habe nie wieder ein Hauptgeschenk bekommen.

Das ist lange her. Ich heiratete. Drei Kinder wurden geboren und wuchsen heran. In dem Jahr, das die Vereinten Nationen zum *Jahr für eine Kultur des Friedens und der Gewaltfreiheit* ausriefen, kauften wir uns einen Flachbildfernseher und sahen zusammen die *Sendung mit der Maus*, *Dein Song* und *The Voice of Germany*. Später interessierten die drei sich nur noch für Netflix und YouTube, die sie auf ihrem Laptop sahen.

Christian hat nie wieder mit mir gesprochen. Soweit das Internet es zuließ, habe ich seinen Werdegang verfolgt. Einmal bekam er eine ganze Seite in der *Zeit*, um seine Doktorarbeit über einen unbekannten französischen Philosophen zusammenzufassen; dann schrieb er ein paar Jahre philosophisch fundierte Filmkritiken für die *Frankfurter Rundschau*. Seither hat sich seine Spur im Netz verloren. Leider ist sein Nachname so häufig wie sein Vorname.

Aber im vergangenen Jahr traf ich durch Zufall Adrienne, in einem Café im Schanzenviertel, wo sie immer noch wohnt. Sie ist inzwischen Kuratorin in den Deichtorhallen und sieht immer noch umwerfend aus. Ich gab ihr einen Crumble mit Vanillesoße aus und fragte sie, wo Christian abgeblieben sei. Sie sah mich traurig mit ihren sorgfältig geschminkten Augen an. Das wisse sie auch nicht. Tatsächlich habe sie sich damals bald wieder von ihm getrennt. Wieso das denn, fragte ich, war er nicht der attraktivste Student der Fakultät gewesen? So ungefähr, lachte sie, aber es sei etwas Unglaubliches passiert.

Im Februar habe er ihr zum Geburtstag einen Fernseher geschenkt – ein sehr teures Modell eines deutschen Herstellers, den Namen habe sie vergessen. Christian habe betont, dass es sich um den Testsieger handle. Sie sei fassungslos gewesen, dass der völlig mittellose Christian, der im Café über Stunden mit einem Glas Leitungswasser sitzen konnte, ihr dieses teure Geschenk gemacht habe.

Überhaupt, sagte sie, habe sie vorher oder nachher in ihrem Leben nie wieder so ein wertvolles Geschenk bekommen. Sie sei außer sich vor Glück gewesen. Die beiden hätten sich kugelig gelacht über die dämlichen deutschen Serien *Unser Lehrer Doktor Specht* und *Diese Drombuschs*. Christian habe ihr erklärt, was diese Serien mit den strukturellen Widersprüchen der spätbürgerlichen Gesellschaft zu tun hätten, was sie noch lustiger gefunden habe als die Serien selbst. Es sei der tollste Sex ihres Lebens gewesen, während dieser bescheuerten Episoden: Salzstangen und Cola, eine Matratze auf dem Boden, Fruchtkondome, *Diese Drombuschs* und der teure Testsieger. Unsagbar romantisch. Und dann ... Sie schwieg.

»Was dann?«, fragte ich.

Das Ganze habe so ein absurdes Ende genommen, sie könne es immer noch nicht fassen. Irgendwann habe er den Fernseher, den er ihr doch mit großer Geste geschenkt hatte, wiederhaben wollen. Angeblich hatte er ihn gar nicht für sie gekauft, sondern selbst geschenkt bekommen von einem Freund, der ihn nicht mehr gebraucht habe, und der habe ihn auch nur geschenkt bekommen von seinen Eltern zu Weihnachten, und die seien dahintergekommen, dass er den Fernseher weggegeben habe ... Aber diese Story habe sie ihm keine Sekunde abgenommen. Ob ich je davon gehört hätte, dass Eltern Weihnachtsgeschenke zurückverlangten? Und wer wäre als erwachsener Mann so blöd, darauf einzugehen?

Nein, von so etwas hätte ich noch nie gehört. Das klinge unvorstellbar.

Adrienne hatte eine plausiblere Theorie. Vermutlich habe Christian – immer auf der Jagd nach den neuesten Suhrkamp-Hardcoverausgaben, immer am Rande des Dispos – dringend Geld gebraucht und vor der Wahl gestanden, entweder seine Gitarre zu verkaufen oder ihren Fernseher. Und dann habe er sich diese hanebüchene Geschichte ausgedacht und sei auch nicht mehr davon abgerückt.

Jedenfalls habe sie sich total aufgeregt und sich schlichtweg geweigert, den Fernseher herauszugeben. Letztlich habe Christian bleich, entschlossen und unter Ausnutzung seiner militärischen Zwei-Meter-Statur an einem Samstagmorgen ohne Vorankündigung den Fernseher aus ihrem Zimmer und ihrer Wohnung geschleppt, wie ein Roboter, wie ein Terminator, und sie habe sich noch am selben Tag, im selben Moment von ihm getrennt mit den Worten, er sei ein Dieb, Lügner und *Pseudo-Philosoph*. Später habe sie das bereut, besonders den *Pseudo-Philosophen*, aber Christian habe nie wieder ein Wort mit ihr gewechselt.

»Unglaublich, der Typ«, sagte ich. Sie lächelte traurig.

Eines blieb nun noch rätselhaft: Warum hatte mein Bruder Matze sich nie für den Fernseher bedankt? Das war so gar nicht seine Art.

Vergangenen Monat habe ich ihn in Tötensen besucht und gefragt.

»Bedankt?« Er prustete vor Lachen ein paar Brötchenkrümel aus dem Mund. »Weißt du, wie viel Ärger ich mit dem Scheißding hatte?«

Ich hatte keine Ahnung.

»Du kennst ja Mutti und Pappi. Sie haben mir partout dieses monströse Gerät aufgedrängt, für das wir weder Platz noch Verwendung hatten.« Aber unser Vater habe immer wieder darauf hingewiesen, dass es sich um den Testsieger des Vorjahres gehandelt habe, und so habe er, Matze, den ganzen Weg von Tötensen nach Neumünster und zurück gurken müssen, nur um einen Fernseher abzuholen, den er weder wollte noch brauchte. Zum Glück habe sein Nachbar Ralf sich bereit erklärt, den Fernseher zu nehmen, für eine Cousine in Tschechien, die ihn vielleicht brauchen konnte. Matze sollte den Fernseher einfach nur vor seine Tür stellen.

Dann aber habe die Cousine Ralf zurückgerufen und ihm gesagt, ihre Eltern würden ihr schon einen Fernseher zu Weihnachten schenken, sie brauche ihn nicht. Und so habe Ralf vergessen, den Fernseher über Nacht reinzuholen. In dieser Nacht sei ein Gewitter mit Starkregen über Tötensen gezogen, das den Grundig binnen weniger Minuten in eine Elektronikruine verwandelt habe, und Ralf habe sich beschwert, dass man wohl kaum von ihm erwarten könne, das Monstrum zum nächsten Recyclinghof zu bringen. Das übernahm dann Matze.

»Eines verstehe ich bei der ganzen Sache nicht, Brüderchen«, sagte Matze und nippte an seinem Cappuccino. »Mutti und Pappi waren so selten bei dir. Als sie das Verschwinden des Fernsehers bemerkten – warum hast du ihnen nicht einfach gesagt, dass dieser strahlende Testsieger wegen krasser Bildstörungen nun schon zum dritten Mal in Reparatur sei und dass mit diesen Tests irgendwas nicht stimmen könne?«

Er grinste sarkastisch. So Matze-mäßig. Ja, das ist das Problem. Auf so was komme ich einfach nicht.

Der ausgebuchte
Weihnachtsmann

Wenn man schon Atheist ist, sollte man wenigstens an den Weihnachtsmann glauben. Das müssen sich meine Eltern gedacht haben, damals in Offenau, einem Dorf zwischen Elmshorn und Barmstedt, in den Elbmarschen, wo sie billiges Bauland gekriegt hatten. Es war 1976 – Helmut Schmidt hatte gerade knapp die Wahl gegen Helmut Kohl gewonnen, die SPD baute Atomkraftwerke, und Umweltschutz bestand darin, Altöl im Wald zu entsorgen –, da waren sie mit uns drei Kindern aus den Hinterhöfen des Hamburger Schanzenviertels nach Bokholt-Hanredder gezogen, in ein selbst gebautes Haus mit geräumigem Musikraum im ersten Stock, drei Kinderzimmern, einem Garten und einer Terrasse. Und von dort kam jedes Jahr der Weihnachtsmann und klopfte an die Tür, die ins Wohnzimmer führte.

Für mich war es selbstverständlich, dass der Weihnachtsmann von dort kam. Dabei wusste ich ja eigentlich, dass der Garten hinten an einen Palisadenzaun grenzte, und dahinter waren links die Schweineställe von Herrn Huckfeldt, die uns den Sommer über mit Fliegen versorgten, und rechts der Kartoffelacker von Herrn Gieseking, der mit dem Luftgewehr in unsere Richtung schoss, sobald Matze und ich zu lange Klavier spielten, oder meine Schwester Birte Geige, und der direkt hinterm Zaun zwei große, haarlose Kampfhunde in einem Zwinger hielt.

Das heißt, der Weihnachtsmann hätte mit seinem Sack und seinem dünnen Mantel durch die Schweineställe latschen oder am Hundezwinger vorbeischleichen müssen, um dann über unseren Palisadenzaun zu klettern. Und das Schleichen hätte auch nichts genützt. Denn wenn Herr Gieseking mich im Sommer zu einer Partie Halma in sein Gartenhäuschen einlud, musste ich auf einem schmalen Pfad am Zwinger vorbei, und dann sprangen die Hunde, doppelt so groß wie ich, gegen das Zwingergitter und machten bellend, röchelnd und kläffend klar, was sie mit mir anstellen würden, wenn Herr Gieseking ihnen die Tür öffnete.

Das wäre dem Weihnachtsmann auch so ergangen. Er hätte schon nach wenigen Jahren aufgrund einer posttraumatischen Belastungsstörung seinen Beruf aufgegeben, und natürlich hätten wir das Kläffen gehört, bevor er an die Terrassentür klopfte. Aber darüber habe ich nie nachgedacht, weil ich mich auf das plattdeutsche Gedicht konzentrierte, das mein Vater mir in den Wochen davor beigebracht hatte:

**Kiek an, wat is de Himmel so rood
Dat sünd de Engels, de backt dat Brot
de backt den Wiehnachtsmann sien Stuten
för al de lütten Leckersnuten!**

Und das war schwierig genug, denn obwohl mein Vater plattdeutscher Schriftsteller war, hat er mit uns nie Platt gesprochen, auch meine Mutter nicht, es war, als müsse man etwas auf Chinesisch aufsagen. Diversität war noch nicht erfunden, es gab noch keine plattdeutschen Vorlesewettbewerbe, wir lernten makelloses Hochdeutsch, um einmal Professor werden zu können, und das ist meiner Schwester auch geglückt, wenn auch in einer Sprache, die aus dem Plattdeutschen entstanden ist, nämlich Englisch. Sie unterrichtet Gender Studies an der University of Kentucky.

Nachdem ich das Gedicht aufgesagt hatte, holte der Weihnachtsmann das Hauptgeschenk aus seinem großen, groben Sack und gab es mir. Leider hat mein Vater nie miterlebt, wie ich das Gedicht meisterte, weil immer genau an Heiligabend etwas mit der Heizung war und mein Vater, sobald die Kerzen angezündet waren und es ziemlich heiß wurde im Wohnzimmer, feststellte, es sei irgendwie kalt, er müsse wohl mal in den Keller, nach der Heizung sehen. Ausgerechnet dann, wenn mein Vater die Heizung reparierte, traf der Weihnachtsmann ein, so dass ich meinem Vater nachher immer haarklein erzählen musste, wie es gewesen war mit dem Gedicht und dem Weihnachtsmann.

Ich muss dazusagen, dass mein Vater keinen Nagel in die Wand schlagen konnte, ohne sich mehrere Finger zu beschädigen und alle Umstehenden schreiend dafür verantwortlich zu machen, wobei er beängstigend rot anlief, so dass ich früh eine Handwerksphobie entwickelte, die bis heute nicht geheilt worden ist. Die Frage, wie er jeden Heiligabend in fünfzehn Minuten ohne Hilfe meiner Mutter und ohne auch nur einmal zu brüllen, die Heizung reparieren konnte, stellte sich mir dennoch nie.

Mein Vater war cool. Er liebte es, Geschichten zu erzählen und Leute an der Nase herumzuführen, was ja auf dasselbe hinausläuft. Für mich ist das nichts. Ich habe Eva geheiratet, die genauso atheistisch ist wie meine Eltern, meine Geschwister und ich, wir haben drei Kinder bekommen und sind mit ihnen ins Schanzenviertel gezogen, denn niemand will mehr in Bokholt-Hanredder leben, obwohl das Bauland dort immer noch günstig ist, und wir haben unseren Kindern gesagt, dass das Leben eine Kerze ist, die brennt und brennt, heiß und hell, und irgendwann verlischt, dass danach nichts mehr kommt und daher nur eines zählt: ein möglichst schönes Leben zu leben. Und zu einem schönen Leben gehört der Weihnachtsmann. Aber ich kann nicht annähernd so gut schauspielern wie mein Vater. Ich kann nicht lügen. Zudem gibt es bei uns weder einen Heizungskeller noch einen Garten oder eine Terrassentür. Deshalb haben wir immer jemanden engagieren müssen. Und da begannen die Probleme.

Onkel Horst, ein Freund meines Vaters aus dessen Hauptschulzeit in Quickborn, sah aus wie eine gute Wahl: grauer Bart, tiefe Stimme und keine Bühnenangst, im Gegenteil. Er hatte sein Leben lang Versicherungen verkauft und verstand sich aufs Plaudern mit Fremden. Er stimmte gleich zu, kam pünktlich Heiligabend um 17 Uhr zu uns in den dritten Stock mit dem Sack, den wir im Treppenhaus für ihn bereitgelegt hatten. Er fragte die Gedichte ab und verteilte die Geschenke. Alles lief perfekt. »Ouh, Mann«, sagte er dann in breitem, schleswig-holsteinischem Akzent. »Das is' vielleicht saukalt draußen. Habt ihr vielleicht 'ne Flasche Bier?«

Der kleine Leo sah ihn ungläubig an.

»Äh, Weihnachtsmann«, beeilte sich Eva zu sagen, »musst du nicht weiter zu den vielen anderen Kindern?«

»Sicher«, sagte Horst, »aber erst mal braucht der Weihnachtsmann jetzt ein Bier. Der Weihnachtsmann hat einen weiten Weg hinter sich, er muss sich stärken! Habt ihr denn gar nichts da? In der Küche?«

Dort saß er dann, trank in aller Ruhe sein Flensburger aus und erzählte, wie er nachher noch nach Indien und Australien müsse, um weiterzubescheren. Und dass er nach 2.000 Jahren in seinem Job langsam etwas müde werde. Das war sogar für den dreijährigen Leo kaum zu glauben.

Im Jahr darauf hatten wir Herrn Waibisch, den Vater unserer Nachbarin Inge, die Knetfigurenszenen für die Sesamstraße dreht. Herr Waibisch war zwei Meter groß, Ivan-Rebroff-Bass und Schwabe. Ich fand es schon seltsam, dass er mich in Inges Küche so lange nach den Kindern ausfragte und dabei sogar mitschrieb. Was hatte er vor? Bevor er den Kindern Heiligabend um 17 Uhr die Geschenke überreichte, zog er ungefragt ein riesiges goldenes Buch aus der Tasche.

»Sodele«, brummte er, »Lina … du hascht also letztes Jahr angfange, Gitarre zu spiele?«

Lina nickte ungläubig. Woher wusste der Riese das?

»Und ich höre, du hascht au wieder aufg'hört?«

Lina nickte stumm.

Der Weihnachtsmann sah sie streng an. »Das findet der Weihnachtsmann aber nit gut. Die Eltern ham' den teuren Unterricht g'zahlt. Und du hörscht einfach auf?«

Tränen schimmerten in Linas Augen.

»Nun muss der Weihnachtsmann aber los«, griff Eva ein.

»Na, na«, unser brasiger Schwabe blieb unbeirrt, »da isch ja noch der Lukas. Ich hab g'hört, du hascht letztes Jahr nit gnug für die Schule getan?«

»Normaal«, sagte Lukas.

Der Weihnachtsmann hob die Rute. »Das muss sich aber ändern!«

»Äh, wie?«, fragte Lukas.

»Das war ja schwarze Pädagogik«, regte Eva sich

nachher auf. »Nie wieder holen wir einen Weihnachtsmann!« Man muss dazusagen, Eva ist Psychologin. Sie
weiß, was schon kleine Traumata in der Kindheit an-
richten können. Ist man mit vier Jahren drei Minuten in
einem dunklen Fahrstuhl eingesperrt, wird das später
zu nachhaltigen Aufstiegsängsten führen.

»Eva!« Ich setzte mein Bester-Ehemann-der-
Welt-Lächeln auf. »Der Typ war daneben, okay …«

»Daneben? Da kriegt man Albträume!« Sie wollte sich partout nicht beruhigen.

»Nächstes Mal nehmen wir jemanden vom Weihnachtsmannservice«, schlug ich vor. »Die zieh'n das
professionell durch und sind auch nach fünf Minuten
wieder draußen!«

Professionell. Das war das Stichwort. Wir zahl-
ten 50 Euro, mussten die Bescherung auf halb vier
vorziehen und bekamen einen Gregor-Gysi-kleinen
Studenten mit einer roten Billigkutte, die er im Sommer für drei Euro bei eBay-Kleinanzeigen erstanden
haben musste. Unter der kurzen Kutte lugten schlie-
rige Turnschuhe hervor. Lukas stieß Lina an, und die
beiden kicherten vor sich hin.

»Wisst ihr denn, wer ich bin?«, piepste der Weihnachtsmann zu allem Überfluss in
James-Blunt-Timbre.

Letztes Jahr dann der Höhepunkt. Der Student
vom Weihnachtsmannservice war noch ganz in Ordnung gewesen, abgesehen vom sehr breiten Hamburger Akzent. Am nächsten Tag aber besuchten wir
meine Eltern in ihrem Haus in Neumünster, in das
wir eingezogen waren, kurz bevor ich aufs Gymnasi-

um kam, und plötzlich sagte meine Mutter, sie müsse verschwinden und sich um die Gans kümmern, da klopfte es schon an die Terrassentür, und ein Weihnachtsmann trat ein, der verdächtig nach Gendergerechtigkeit aussah.

»Äh, Weihnachtsmann«, sagte Lukas, »du warst doch gestern erst da! Schon vergessen?«

»Nun, nun«, meine Mutter presste ihre Stimme nach unten, was nicht ganz gelang, »mir waren da noch ein paar Geschenke vom Schlitten gefallen …«

Da musste selbst Lina losprusten. Und Eva und ich beschlossen: Jetzt ist Schluss. Nächstes Mal feiern wir ohne.

Es war Mitte Dezember dieses Jahres, neun Tage vor Heiligabend, als Leo, mittlerweile sechs Jahre alt, am Mittagstisch sein Lieblingsthema aufbrachte, Geschenke.

»Papa, ich wünsch mir zu Weihnachten eine Uhr. Mit Zahlen. Und einen Chemiebaukasten.« Er schlürfte langsam und laut Spaghetti in seinen Mund. Es war Dienstag, der Tag, an dem ich koche, und immer, wenn ich koche, gibt es Miracoli, auch wenn wir uns immer gnadenlos um die 19,4 Gramm Parmesan in der sogenannten Familienpackung streiten. Doch der leicht metallische Geschmack der Soße hat die Kinder längst so süchtig gemacht wie mich.

»Ich dachte, du wünschst dir ein Piratenschiff von Lego?«, fragte ich.

»Beides Papa. Weil: Ich *brauche* eine Uhr. Verstehst du? Und auf jeden Fall den Chemiebaukasten.«

Er sah mich mit einem strengen Blick aus seinen graublauen Augen an, die keinen Widerspruch dulden. Wir hatten längst das Piratenschiff besorgt, das er sich Mitte November gewünscht hatte, und das überstieg das Budget pro Kind schon erheblich.

»Mal sehen, ob der Weihnachtsmann das noch besorgen kann«, wiegelte ich ab.

»Haha, der Weihnachtsmann!«, lachte Leo. »Papa, ich bin nicht mehr drei. Ich glaube doch nicht mehr an den Weihnachtsmann!«

»Weiß ich doch«, antwortete ich. »Deshalb wird er dies Jahr auch nicht mehr kommen.«

Leo sah mich entsetzt an. »Wieso das denn?«

»Weil«, erklärte ich, »der Weihnachtsmann nur zu den Kindern kommt, die an ihn glauben.«

Leo saß da und guckte auf seinen Teller. »Äh, Papa – aber Lukas ist dreizehn. Der glaubt schon ewig nicht mehr an den Weihnachtsmann. Und trotzdem ist er jedes Jahr gekommen!«

Das war richtig. Und ich war Lukas auch dankbar, wie lange er dichtgehalten und mitgespielt hatte. »Vielleicht. Aber wenn *gar* kein Kind mehr ...«

Leo entglitten die Gesichtszüge. »Ihr wollt mich *erpressen*!« Tränen schossen ihm in die Augen. »Dass ich an den Weihnachtsmann glauben soll!«

»Aber Leo ...«

»Weil er sonst nicht mehr kommt! Und dann krieg ich gar nichts mehr geschenkt!« Heulend schmiss er seinen Löffel und seine Gabel hin, die kostbare rote Soße spritzte ihm aufs Wilde-Kerle-T-Shirt. »Keine Uhr ... kein Lego ...«

»Aber Leo, natürlich kriegst du was geschenkt!«, versuchte ich ihn zu beruhigen und wollte gerade zu ihm, um ihn in den Arm zu nehmen.

»Ja, vielleicht irgendein dummes Bild von Lina. Toll. Die richtigen Geschenke bringt doch der Weihnachtsmann!«

Er stand auf, rannte heulend die strohsterngeschmückte Treppe hoch in sein Zimmer und schlug die Tür hinter sich zu. Er hatte recht. Die Hauptgeschenke hatten wir immer dem Miet-Weihnachtsmann in den Sack gelegt.

»Ich male dem gar kein Bild mehr, dem Dummi«, sagte Lina, die längst mit dem Essen fertig war und einen weiteren Strohstern bastelte. Man muss dazusagen, dass Lina mit ihren acht Jahren nicht nur besser malen konnte als Leo und Lukas, sondern auch als Eva und ich.

»Papa«, sagte Leo, als ich ihn an diesem Abend zu Bett brachte, »einmal soll der Weihnachtsmann noch kommen. Ein einziges Mal!«

»Aber warum denn?«

Er sah auf seine blaue *Harry-Potter*-Bettdecke, die er zum Nikolaus bekommen hatte, und kratzte sich in seinen dichten, blonden Haaren. Hoffentlich hatte er keine Läuse. Das würde noch fehlen, mitten im Advent.

»Papa, er *muss* kommen. Weil, dann kann ich ihm ein Abschiedsgeschenk geben!«

Es nützte nichts. Wir mussten den Plan noch einmal ändern, darüber wurden Eva und ich uns an diesem Abend einig. Ein plötzliches Weihnachtsmannverlusttrauma würde Leo sein Leben lang beziehungsunfähig machen.

Am nächsten Morgen um neun Uhr rief ich als Erstes den Weihnachtsmannservice an. Ob noch ein Weihnachtsmann frei sei, Heiligabend zwischen 16 und 18 Uhr, wir wohnten sehr zentral im Schanzenviertel. Die Frau am anderen Ende kam aus dem Lachen gar nicht mehr heraus.

»Heiligabend? Sie meinen dieses Jahr? Also, in acht Tagen? Da haben wir noch einen Termin um viertel nach neun morgens frei. Oder nach Mitternacht gegen halb eins.«

»Und wenn ich mehr zahle?«

Aufgelegt. Ich rief meinen Freund Ole an. Mein Trauzeuge. Mit seinen gegelten schwarzen Haaren und seinem Drei-Tage-Bart sieht er aus wie ein Mafioso, aber er ist 1,90 groß, hat eine tiefe Stimme und keine Kinder. Der ideale Kandidat.

»Bist du verrückt?«, entgegnete er. »Ich war mit Leo im Stadion! Der erkennt mich sofort!«

»Quatsch, du sprichst etwas tiefer und ziehst dir den Bart ins Gesicht.«

»Ich hab überhaupt keine Ausrüstung!«

»Die haben wir, komplett mit rotem Mantel, Glocke, langem weißen Bart und Geschenkesack aus norwegischer Jute.«

Aber so leicht war Ole nicht zu überreden. Ob Lukas, der doch in der Vollpubertät sei, ihm nicht den Bart abreißen würde? Ob Leo überhaupt noch an den Weihnachtsmann glaube? Ob dieser nicht überhaupt eine reaktionäre Figur aus der Angstpädagogik sei, also tiefstes 19. Jahrhundert? Oder, noch schlimmer, eine Erfindung von Coca-Cola, also kommerzieller Mist wie Halloween? Ob man Leo nicht Grenzen aufzeigen müsse? Wie eine gesprungene Schallplatte wies ich ihn immer aufs Neue darauf hin, dass es nur um eine einzige Abschiedsvorstellung ging. Ole keuchte wie nach einem 100-Meter-Sprint. Schließlich platzte es aus ihm heraus.

»Sören, was soll ich sagen, ich … ich trau mich nicht! Ich hab bloß BWL studiert. Ich bin kein Künstler so wie du!«

Ich konnte es nicht fassen. Was war nur mit uns Männern los? Es war Zeit für eine Ansprache. Ich räusperte mich.

»Ole, du warst ein erfolgreicher Handballer. Und Handballtrainer. Du leitest ein Unternehmen mit mehr als 300 Mitarbeitern. Mit 42. Du schaffst es wohl, für drei Kinder den Weihnachtsmann zu spielen! Wenn nicht du, wer dann?«

»Aber Marie killt mich. Wir müssen Heiligabend erst zu meiner Oma, dann zu meinen Eltern, dann zu Maries Stieftante …«

»Mit Marie hab ich gesprochen. Sie findet die Idee total süß, sie möchte am liebsten heimlich mitfilmen.«

Ole schwieg. Das war das Todesurteil. Ich nannte ihm noch die Uhrzeit, halb sechs, den Zeitrahmen, zwanzig Minuten, und versprach, mich zu revanchieren, wenn er selbst mal Vater sein würde. Dann legte ich schnell auf und war ein bisschen stolz auf mich. Und erzählte Eva prompt, wie ich das Problem gelöst und Ole überredet hatte. Sie sah mich skeptisch an. *Überreden*, belehrte sie mich, funktioniere nie. Man müsse den anderen schon *überzeugen*. Ich seufzte. Irgendwie fand sie immer einen Grund, mich nicht zu loben.

»Und?«, fragte Leo beim nächsten Adventskaffeetrinken. »Kommt der Weihnachtsmann noch mal?«

Ich lächelte geheimnisvoll. »Und wenn«, sagte ich, »welches Gedicht würdet ihr denn aufsagen?«

»*Von drauß', vom Walde komm ich her*«, sagte Lina. »Oder nee. Zu langweilig. Ich dichte selber was. Wenn es das letzte Mal ist.«

»Ich hab ein Gedicht!« rief Leo begeistert.

**Lieber guter Weihnachtsmann
kleb den Bart dir wieder an
und dann beschenk mich nicht zu knapp
sonst reiß ich ihn dir wieder ab!**

Mir verging das Lächeln.

»Na gut«, sagte Lukas mit einer Stimme, die zum ersten Mal nicht mehr wie eine Kinderstimme klang, sondern erste Anzeichen von Stimmbruch zeigte: »Dann hab ich auch eins:

**Oh Tannebaum, oh Tannebaum
die Omi hängt im Gartenzaun
der Opa ist schon abgekratzt ...«**

Ich konnte es nicht fassen. Das waren ja Oles schlimmste Albträume. Er würde mich umbringen.

»Leute«, drohte ich, »wenn ihr so was bringt, nimmt der Weihnachtsmann den Geschenkesack einfach wieder mit!«

»Darf er nicht!«, triumphierte Leo. »Das ist ein Student! Vom Weihnachtsmannservice!«

Ich sah Lukas an. Der grinste. Das kam davon, dass wir ihn an unseren Computer ließen. Kaum googelte er was mit W, erschien oben Weihnachtsmannservice in der Leseleiste. Ich hätte den Browserverlauf löschen sollen.

»Das ist gleichgültig«, beschied ich. »Ungezogene Kinder kriegen keine Geschenke!«

Einen Moment war es still. Dann prusteten alle drei los. Sie kugelten sich geradezu vor Lachen. So erfolgreich war Angstpädagogik im 21. Jahrhundert. Um den Heiligabend und vor allem Ole zu retten, entließ ich Lukas kurzerhand aus der Gedichtepflicht und befahl Leo, Opa Herbert anzurufen, meinen Vater, der werde ihm ein besonders schönes Gedicht beibringen, auf Plattdeutsch. Leo fragte mich, was das sei, Plattdeutsch. Das erinnerte mich daran, dass Lukas mich neulich gefragt hatte, was das sei, Jazz. Anscheinend das Plattdeutsch unter den Musikstilen.

Jedenfalls fühlte ich mich den ganzen Abend schlecht. Hatte ich den Kindern denn gar nichts beigebracht? Dazu lag Eva mir in den Ohren, ob das mit Ole denn nun wirklich klappen würde. Ich solle noch mal nachhaken und anrufen. Leo gehe fest davon aus. Eine erneute Absage werde er psychisch nicht verkraften. Ich konnte es nicht fassen. Wie konnte meine eigene Frau nur so wenig Vertrauen in mich haben, in meinen besten Freund und in den Wert von Versprechen, die sich beste Freunde geben? Echte Männerfreunde? Mein Trauzeuge?

Am Abend des 23.12. klingelte das Telefon. Kurz vor der *Tagesschau*. Es war Ole. Er musste die Gespräche mit Eva mitgehört haben. Es habe ihn erwischt, röchelte er, Marie habe ihn angesteckt, schwere Halsentzündung. Er könne erstens nicht sprechen, zweitens nicht aus dem Haus und drittens nicht verantworten, meine drei Kinder anzustecken. Dann legte er noch schneller auf, als ich *Gute Besserung* sagen konnte. Noch schneller, als ich vor einer Woche aufgelegt hatte. Das war das Problem mit Psychologinnen wie Eva. Sie machten sich erst völlig unnötig Sorgen. Und dann behielten sie damit recht.

»Wer war das?«, fragte Lukas, der neben mir auf dem anthrazitfarbenen Bolia-Sofa saß und *Barneys Playbook* las. Barney Stinson aus *How I met your mother*. 111 Maschen, wie man die heißesten Mädchen ins Bett bekommt. Vom »Tiefseetaucher« (Erfolgswahrscheinlichkeit: ein Prozent) bis zum »Milliardär« (Erfolgswahrscheinlichkeit: 100 Prozent). Den Ratgeber hätte ich brauchen können, 1988. Obwohl, meistens geht es um Frauen in Clubs. Ich bin mir nicht sicher, ob es Clubs gab, damals in Neumünster.

»Der Weihnachtsmann. Er hat abgesagt. Schwere Halsentzündung.«

»Geht ja gar nicht«, entgegnete Lukas in seinem lässigen Hamburger Akzent. »Leo rechnet fest damit.

Und du hast es ihm versprochen. Soll der Weihnachtsmann Ibuprofen nehmen und sich zusammenreißen!«

Ich seufzte. Und ging zu Eva.

»Dann machst du das eben!«, bestimmte sie. »Du machst es wie dein Vater. Du sagst, dass du die Heizung reparieren musst ...«

»Ich? Heizung reparieren?«

Eva sah mich fragend an. Ich sah sie fragend an.

»Ja, ich kann das auch nicht machen!«, sagte sie schließlich etwas hilflos. Wir schwiegen ratlos, ja sogar etwas stumpfsinnig vor uns hin. Alle unsere übrigen Freunde waren entweder über Weihnachten zu ihren Eltern ins Wendland oder ins Allgäu gefahren oder hatten selbst Kinder.

»Kannst du's ihm wenigstens sagen?«, fragte ich.

»Nee, echt jetzt«, ärgerte sich Eva. »Dieser ganze Weihnachtsmanntick kommt doch von dir. Aus deiner Familie. Jetzt musst du's ihm auch sagen!«

Ich schlich mich in Leos Zimmer. Die leise Stimme von Rufus Beck drang durch die Kiefernholztür. Er hörte noch *Harry Potter*, obwohl es schon nach zehn Uhr war. In der Nacht vor Weihnachten, das wusste ich aus den letzten Jahren, konnte Leo kaum Schlaf finden, so aufgeregt war er. Wegen der Geschenke, die er selbst bekam, und mehr noch wegen der Geschenke, die wir von ihm bekamen. Daraus machte er schon seit Wochen ein Geheimnis.

Ich setzte mich zu ihm, nahm seine kleine, warme Hand und fühlte die Trockenheit in meinem Mund. Dann sagte ich es ihm: dass es leider nicht geklappt habe. Kein Weihnachtsmann. Eine schwere Grippe habe ihn dahingerafft. In letzter Sekunde. Nichts zu machen. Nun gelte es, mannhaft und tapfer zu sein, genauso wie Harry und Hermine ...

»Hahaha«, lachte er, »den Trick kenn ich von Omi Gisela. Du willst mich nur reinlegen, damit ich nachher umso überraschter bin!«

»Nein, mein Spatz«, unterbrach ich ihn, »es ist wirklich ...«

»Keine Chance, Papa!«, kicherte er. »Ich durchschau dich! Bis morgen!« Er kam hoch, schlang seine Ärmchen um mich und drückte mir einen nassen Schmatzer auf die Stirn. Das erinnerte mich daran, dass Lukas in seinen ersten zwei Jahren immer ohne das Schmatzen geküsst hatte, das Küssen erst zum Küssen macht. Er hatte uns immer nur die zusammengepressten Lippen aufs Gesicht gedrückt. Wenn das Barney wüsste.

Heiligabend. Wir schmückten zu fünft den Baum, aßen Miracoli zu Mittag und machten einen langen Spaziergang durch den Schanzen-Park, während Eva die Bescherung und das Weihnachtsessen vorbereitete. Leo war bester Laune. Er hatte dem Weihnachtsmann ein riesiges buntes Bild zum Abschied gemalt.

Um fünf Uhr entzündete Eva die fünfzig Kerzen am viel zu großen Tannenbaum. Wenn der Feuer fing, würde auch der danebenstehende, kleine blaue Eimer mit Wasser nichts nützen. Bei uns ist alles aus Holz: Boden, Türen, Stühle, Regale. Und all die Bücher, staubtrockenes Papier!

»So, und jetzt singen wir einfach so lange, bis er kommt!«, strahlte Leo. Eva und ich guckten uns an, ich meinte, eine leise Missbilligung aus ihrem Blick zu lesen. Als sei ich daran schuld! Lina freute sich, weil sie so gerne singt, Lukas brummte eine Septe tiefer mit und hatte vorsorglich den Arm um seinen kleinen Bruder gelegt. Ich weiß nicht, woher er seine Gene hat. Ich konnte nach Auskunft meiner Mutter schon im Alter von sieben Wochen alle Weihnachtslieder mitsummen, zumindest die Schlusszeile. Lina sang mit zwei Jahren glockenrein alle Melodien, nur beim Text haperte es zeitweise (»kehrt mit seinem Segel ein in jedes Haus«). Lukas traf mit dreizehn immer noch keinen Ton. *O du fröhliche, Lasst uns froh und munter sein, Es ist ein Ros entsprungen, Maria durch den Dornwald ging.* Das ganze Buch durch.

Um halb sechs sagte Eva: »So, und nun können wir ja mal langsam mit dem Auspacken anfangen, mit der Bescherung, der Jüngste fängt an … Leo!«

»Nein!«, flüsterte Leo eindringlich. »Erst muss doch der Weihnachtsmann kommen!«

Eva und ich guckten uns verzweifelt an. Dann sahen wir zu Leo. Nichts schien ihn irritieren zu können. Wahrer Glaube war unerschütterlich. Waren wir nicht alle beinharte Atheisten?

»Leo«, begann Eva, »manchmal im Leben … da … da …«

Es klopfte. Dumpf und schwer. Dreimal. Und dann erneut dreimal.

»Jaaa!«, jubelte Leo und rannte zur Tür. Öffnete. Und bat ihn herein.

»Hier ist ein Kind«, brummte der Weihnachtsmann, »das sich von mir verabschieden will?«

»Genau!«, krähte Leo begeistert und führte den Weihnachtsmann durch den Flur und die Küche ins Wohnzimmer, vor den Baum. Ich sah Eva ungläubig an. Wer war das? Ole jedenfalls nicht, dazu war er zu hager. Und aus der Familie auch niemand. Hatte Eva noch jemanden organisiert? Ich fragte sie mit den Augen, sie schüttelte den Kopf.

»Dabei hattest du mit einigen meiner Assistenten ja wirklich Pech. Einer wollte Bier. Einer trug hässliche Turnschuhe. Und einer war sogar eine Frau!«

Meine Güte, woher wusste er das alles? War das der echte Weihnachtsmann? Der nur zu denen kommt, die wirklich an ihn glauben?

»Aber heute«, sagte er mit tiefer Stimme, »bin ich selbst vorbeigekommen. Und nun sag mir mal dein Gedicht auf!«

Leo schluckte. »*Kiek an, wat is de Himmel so rod*«, begann er mit zitternder Stimme. »*Dat sünd de Engels de backt dat Brod! De backt den Wiehnachtsmann sien Stuten för al de lütten Leckersnuten.*«

Mein Vater hatte es ihm am Telefon beigebracht. Plattdeutsch war doch noch nicht tot. Am Heiligen Abend nicht.

»Und du?«, wandte sich der hagere Weihnachtsmann an Lina.

Sie stand auf und sprach mit leiser, fester Stimme:

»Eine Flocke fiel vom Himmel
ein strahlender Moment
eine Flocke fiel vom Himmel
wie ein Geschenk

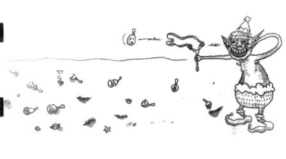

> eine Flocke fiel vom Himmel
> glitzernd und klein
> eine Flocke fiel vom Himmel
> ich bin nicht mehr allein.«

»Wunderbar«, schwelgte der Weihnachtsmann. »Das kannte ich noch gar nicht!«

»Ist von mir!«, piepste Lina.

»Brav, brav«, nickte der Weihnachtsmann und ignorierte Lukas geflissentlich. »Dafür bekommt ihr jetzt jeder ein Überraschungs-Ei. Der echte Weihnachtsmann hat nämlich kein Geld.«

Leo lachte glucksend und rannte in sein Zimmer. Ich schaute Lina an. Sie zuckte mit den Schultern. Eva sah mich fragend an. Sie schien zu glauben, ich hätte noch jemanden auf der Straße angesprochen. Lukas guckte in den Baum und lächelte ganz leicht. Da sah ich dem Weihnachtsmann auf die Füße. Teure italienische Schuhe. Da hatte ich plötzlich einen Gedankenblitz. Eduardo, Lukas' bester Freund. Sizilianer. Es musste einer seiner älteren Brüder sein. Sein Vater handelt mit dem wertvollsten Material der Welt: mit Trüffeln. Da kam Leo auch schon angerannt.

»Für dich, lieber Weihnachtsmann!« Er drückte ihm das riesige, selbst gemalte Bild in die Hand: fünf Strichmännchen vor einer Tanne: Ein Strichmännchen mit Brille, das musste ich sein. Eins mit zwei Kreisen, Eva. Eins mit Zopf, Lina. Eins mit Zigarette, Lukas. Wieso mit Zigarette? Und ein besonders großes in der Mitte, das winkte. Leo. Das war's, dachte ich. Mein jüngstes Kind verließ seine Zauberwelt. Mir kamen die Tränen, aber ich schluckte sie schnell wieder herunter.

Der Weihnachtsmann ging. Wir machten Bescherung. Leo hatte die Uhr mit Zahlen schon wieder vergessen und freute sich über das Piratenschiff, Lina über das Aquarellset und Lukas über die X-Box. Dann aßen wir wie jedes Weihnachten vegetarisch-dänisches Hotdog mit Tofuwürstchen und veganer Remoulade, reichlich Ketchup und ein bisschen sehr scharfem Senf.

Spätabends brachten Lukas und ich das Altpapier weg, einen großen Waschkorb mit Geschenkpapier und Geschenkbändern.

»Na, was hast du ihm bezahlt?«, fragte ich ihn.

»Edus Bruder?« Lukas winkte ab. »Der mag Leo doch total.«

»Nix?« Das wollte ich nicht glauben.

Lukas warf das rote, glänzende Geschenkpapier in den großen, grünen Container. Dann sah er mich an und grinste.

»Na gut. Ein Sixpack.«

Sixpack. Wie er das sagte. Trank er etwa schon Bier? Mit dreizehn?

»Zahl ich dir gerne«, bot ich ihm an. Ich meine – das war das Mindeste, was ich tun konnte.

»Auf keinsten«, sagte er und legte den Arm um meine Schulter, und da sah ich, dass er schon wieder gewachsen war. Bald würde er so groß wie ich sein. Gruselig. Und ich dachte: Er ist streng ungläubig wie schon sein Großvater. Aber wenn er mal Kinder hat, wird es auch jedes Jahr diesen Besuch geben. Wenn man schon Atheist ist, sollte man wenigstens an den Weihnachtsmann glauben.

Ohne Stimme auf Tournee

Wie immer traf es Klaas als Ersten, diesmal schon Ende November auf unserer Tour durch Nordfriesland.

»Also, Sigmar Gabriel«, sagte er und verstummte. Wir saßen in der kalten Umkleide der Turnhalle in Leck. Gleich sollten wir singen. »Wenn der jetzt wirklich Vizekanzler wird ...« Klaas räusperte sich, und das Räuspern ging in einen Hustenanfall über.

»Alles gut!«, keuchte er, lief rot an, schnäuzte sich, hustete noch einmal lange und grinste. Wir sahen ihn an und wussten: Nichts war gut. Wir hatten den 25. November. Bis Weihnachten lagen 21 Auftritte vor uns. Manchmal zwei an einem Tag. In Husum nahm Klaas selbst im überheizten Restaurant seine beiden großen Halstücher nicht ab, in Klanxbüll ernährte er sich nur noch von Islamoos. Unser Leadsänger hatte sich erkältet.

Wir waren mit unserer A-cappella-Gruppe *Singtonic* schon seit siebzehn Jahren unterwegs, seit zwölf Jahren lebten wir von den Konzerten, und es gab eigentlich nur ein Problem: Die Hälfte unseres Jahresumsatzes machten wir mit unserem Programm *Weihnachten mit Singtonic*. Also zu jener Zeit im Jahr, in der erstens alle Stadttheater, Kleinkunstbühnen und Kulturhäuser ausverkauft waren und zweitens die höchste Zahl an Viren in Bussen und Bahnen, Hotels und Restaurants, Theatern und Konzerthallen auf uns lauerte.

Wenn man Sänger ist, geht eine Erkältung nicht am Hals vorbei. Nein, sie bewegt sich zielstrebig auf unseren schwächsten Punkt zu, die Stimmbänder. Zuerst werden sie rot, schwellen an, die Stimme wird rauer, die hohe Bruststimme schlägt nicht mehr an, das Timbre wandelt sich in Richtung Tom Waits oder Hans Hartz. Irgendwann schließen die Stimmbänder nicht mehr, man kann nur noch leise sprechen und mit Kopfstimme singen.

Legt man sich dann nicht ins Bett, sondern tourt weiter durch ungeheizte Kirchen und Sporthallen, kann man wenige Tage später weder sprechen noch singen, und kein Medikament kann eine schnelle Heilung erzwingen, es dauert. Stimmbänder sind stur. Und so hing unser halbes Jahresgehalt am Verlauf der vorweihnachtlichen Erkältungen.

Klaas war prädestiniert. Er rauchte, kiffte, feierte, trank mit Vorliebe *Moscow Mule*, *Zombie* und *Bloody Mary* und verbrachte die auftrittsfreien Abende in Clubs, tanzte bis vier und sah dann bis sechs Uhr morgens Netflix. Ein Dauersingle, der aus der Pubertät nie herausgekommen war. Immer wieder ließ er uns wissen, Schlaf sei überschätzt. Wir hatten schon überlegt, eine Art Verfassung für unsere Band zu schreiben, nur um Klaas verbieten zu können, im erkälteten Zustand in der finanziell entscheidenden Weihnachtssaison feiern zu gehen.

In Husum konnte ich mithören, wie er gleich nach Ankunft im *Husumhus* auf den örtlichen Tontechniker zuschlenderte und fragte, welche Clubs nach Mitternacht noch aufhätten. In Husum! Nach Mitternacht! Wo sollte das enden, da er jetzt schon heiser war und schniefte? Am Ende der langen Weihnachtstournee stand ein Konzert im ausverkauften Stadttheater meiner Heimstadt Neumünster. Sechshundert Leute. Alle meine früheren Lehrer und Mitschüler, meine Mutter mit ihren Landfrauen, mein Patenonkel. Es konnte nicht sein, dass dieser Auftritt Klaas' Feierwut zum Opfer fiel.

In den drei Stunden bis zum Auftritt suchte ich nach einer Gelegenheit, ihn darauf anzusprechen. Es hieß vorsichtig sein, denn Klaas hörte Komplimente gerne, Kritik weniger. Klaas wiederum schien mir auszuweichen. Ich stellte ihn am Cateringtisch mit den Gummikäsebroten.

»Klasse, wie du den Julio Iglesias gestern wieder abgeliefert hast«, begann ich. Man soll Kritik in ein Sandwich aus Komplimenten verpacken. »Die Leute sind total ausgerastet!«

Julio Igesias, der spanische Barde mit den angeblich 10.000 Liebhaberinnen (*For all the girls I loved*

before), den Klaas so täuschend echt zu simulieren verstand, beklagte sich in diesem Lied mit weinerlicher Stimme über die Ansprüchlichkeit verwöhnter Gören unterm Weihnachtsbaum (»Früher reichte schon ein Apfel, eine Nuss zum Glücklichsein!«). Hinter dem Lachen des Publikums ahnte ich den Abgrund an Leid und Hilflosigkeit unserer Elterngeneration gegenüber unseren tyrannischen Blagen.

»Joa, waren gut drauf«, murmelte Klaas und hustete in seine Hand.

»Für mich war die Nummer der Höhepunkt des ganzen Abends!«, behauptete ich. Man soll Komplimente immer dreimal so dick auftragen, wie man es gerade noch für erträglich hält, erst dann werden sie überhaupt wahrgenommen. Klaas schnäuzte sich. Erschreckend viel Schnodder fand seinen Weg ins Taschentuch.

»Sag mal, Klaas, eine Frage …«

»Der Club? Mach dir keine Sorgen. Hab ich jemals einen Auftritt abgesagt?« Er hatte recht. Er war zwar immer krank in der Weihnachtssaison, hielt aber auch immer durch, jammerte nie und lächelte stets. Im Notfall krächzte er seine Solonummern – den rührseligen Biker, den Tannenbaumrapper, den plattdeutschen Elvis – stimmlos ins Mikrofon. Eher würde er tot umfallen als einen Auftritt absagen. Wenn wir eine Familie waren, dann war er der große Bruder, auf den man sich verlassen konnte.

»Aber ganz ehrlich … glaubst du, dass deine Halsentzündung besser wird, wenn du bis vier durchtanzt?«

»Welche Halsentzündung?« Er grinste und warf eine weitere Islamoos ein. Am Ende müssen wir uns eingestehen: Unser Einfluss auf andere Menschen ist gering, vor allem in einer Familie. Und nach 17 Jahren, so viel war klar, waren wir von einer Familie nicht zu unterscheiden.

Björn war unser Bass und in allem das Gegenteil von Klaas. Klaas trug Dreitagebart, Björn war glatt rasiert. Klaas hatte lange, wilde, dunkle Locken, Björn ließ seine hellblonden Haare kurz schneiden. Klaas kam aus St. Pauli, wo er immer noch wohnte, Björn stammte aus einem niedersächsischen Dorf. Als Einziger hatte Björn eine klassische Gesangsausbildung absolviert, trug auch im Sommer Schal und Handschuhe aus Angorawolle, gurgelte präventiv morgens und abends mit Hexal, ging zur Stärkung seiner Abwehr regelmäßig in Sauna und Fitnessstudio, und niemand hatte ihn je in der Nähe von Alkohol oder Zigaretten gesehen. Rein physikalisch konnte er nicht krank werden. Wären da nur nicht seine beiden kleinen Töchter, die alle möglichen Keime und Viren aus dem Waldorf-Kindergarten heimbrachten – und der um sich hustende Klaas, zu dem er instinktiv Abstand hielt.

Normalerweise hatte Björn in unseren Programmen – wie üblich für einen Bass in einer A-cappella-Gruppe – nur *dum dum dum* zu singen, im Höchstfall mal *dam* oder *bam*. Aber just im Weihnachtsprogramm hatte er drei wichtige Solonummern: einen schmierigen, saarländischen Operettenbariton, der den Zuschauern Marshmallows in den Mund schiebt, während er »Du willst dick werden!« schmettert, einen altgedienten FDJ-Funktionär (»Schon Jesus war ein Sozialist!«) und eine große Parodiennummer, in der Angela Merkel, Jürgen Trittin, Gerd Schröder und Guido Westerwelle über die Weihnachtsgeschichte als Asylstory räsonieren. Drei Highlights, und alle gingen stimmlich an die Grenze.

Am 4. Dezember begannen wir in Schweinfurt unsere Tour durch Unterfranken (»Opa geht noch einen tanken – Weihnachten in Unterfranken«, reimten wir dazu). Björn wartete am Gleis 14 im Hamburger Hauptbahnhof mit zwei Angoraschals und eiserner Miene. Wir wussten, was die Stunde geschlagen hatte. Während Miriam, Klaas und ich den Großraumwagen mit Gelächter unterhielten, sagte Björn kein Wort. Über sechs Stunden. Das tiefe C war nicht mehr da. Eine Katastrophe. (Ich darf erwähnen, dass das tiefe C im Programm gar nicht vorkam.) Kurz vor Ankunft beugte er sich vor und sagte mit einer druck- und klanglosen, durch die Maske ins kaum Hörbare gedämpften Stimme: »Die Politikerparodien lasse ich heute weg.«

Die Politikerparodien? Acht Minuten. Achtzig Lacher! Sie waren der komische Höhepunkt des Programms. Viele Zuschauer kamen überhaupt nur wegen der Parodien!

»Björn«, säuselte ich, »ich find's total gut, dass du dich schonst.« Ich lächelte unterstützend. »Wir haben jetzt fünf harte Tage vor uns, und die Unterfrankenhalle erst ganz am Schluss ... und ich weiß, der Schröder geht total auf die Stimme. Wie wäre es, wenn du den weglässt und dann mal siehst, wie es dir morgen geht?«

Stumm schüttelte Björn den Kopf. Abgelehnt.

Am nächsten Tag ging es in den Kursaal Bad Kissingen, und Björn strich auch den saarländischen Operettenbariton. Stattdessen bauten wir zwei ruhige Jazzstandards ein, die nichts mit Weihnachten zu tun hatten. Ich litt, besonders als ein älterer Franke am CD-Tisch auf uns zukam.

»Einen CD-Spieler hab ich nun seit zehn Jahren nicht mehr«, teilte er heiter mit. Das hörten wir etwa zwanzig Mal am Abend. »Aber eine Frage: Hat nicht einer von euch immer so köstlich den Reich-Ranicki nachgemacht? Und Jürgen Trittin? Da hab ich mich immer weggeschmissen ... War das nicht der große Blonde? Wo ist er eigentlich?«

Björn war direkt nach dem Auftritt ins Hotel gefahren, um heißen Fliederbeersaft mit Fenchelhonig zu trinken.

»Irgendwie war das Programm schon so voll«, versuchte ich mich herauszuwinden.

Der Franke ließ nicht locker: »Da hätten Sie doch diese Jazzstandards weglassen können, meine Güte, was hatten die denn mit Weihnachten zu tun?« Nichts. Mein Herz blutete. Diese Franken wissen, was wehtut.

Das Hoftheater Aschaffenburg (*Aschebesch* nennen es die Einheimischen) war der Höhepunkt der Tour. Seit vielen Jahren spielten wir hier. Immer war die *Main-Post* da, die wichtigste Zeitung im Umkreis. Ich hoffte, Björn überreden zu können, wenigstens den Operettenbariton mit den Marshmallows wieder einzubauen.

»Wir könnten es einen Ton tiefer singen«, schlug ich beim Frühstück im Hotel *Zum Ochsen* vor. »Oder zwei Töne tiefer ... Dann bleibt dir das hohe A erspart!« Björn schob sich wortlos ein Eckchen Vollkornbrot mit Butter in den Mund. Er aß sonst schon wie ein Spatz, nun waren es Mäuseportionen.

»Den FDJ-Funktionär«, flüsterte er, »können wir heute vergessen.«

»Du willst *Weihnachtsmann, geh du voran* streichen?« Mir fiel fast der Löffel aus der Hand. Also ein Programm ohne Björn? Keine Soli mehr?

Er nickte nur und nippte an seinem Kamillentee.

»Ich könnte stattdessen das Grönemeyer-XXL-Medley singen«, schlug Klaas vor und begann zu husten wie ein Kohlekumpel nach dreißig Jahren Schacht. Wir hatten alle großen Hits von Grönemeyer darauf umgedichtet, dass der Altmeister sich nicht nur moralisch, sondern auch physisch breitgemacht hatte und inzwischen in einer Liga mit Oliver Hardy und Peter Altmaier spielte. Eigentlich ein Abräumer. Nur: Was hatte das mit Weihnachten zu tun? Und würde bei Klaas' Reibeisenstimme noch irgendjemand die Grönemeyer-Parodie erkennen?

»Machen wir's einfach kürzer!«, schlug Miriam vor, unsere 1,85-Blondine. »In Amerika dauern Shows generell nur eine Stunde 15 Minuten. Mehr kriegen die Leute eh nicht mehr mit.«

Miriam war das Küken, ein paar Jahre jünger als wir und erst vor sieben Jahren dazugestoßen. Wenn sie die Mutter der *Singtonic*-Familie war, dann der Typ Mutter, der hemdsärmelig zupackte und keine Wehleidigkeit duldete. Während unsere Eltern Lehrer, Apotheker und Ärzte waren, war Miriam in Verhältnissen aufgewachsen, in denen man sich Rührseligkeit nicht leistete. Dass sie trotzdem wenig mütterlich wirkte, lag an den drei Lieblingsthemen, über die sie den ganzen Tag reden konnte: Appassionata-Dessous, Sex-Spielzeuge und offene Beziehungen. Ihr Freund hatte im Selbstverlag das Buch *Polygamie für Anfänger* herausgebracht.

Mitte Dezember. Wir klapperten Nordhessen ab, eine der trübsten Gegenden Deutschlands. Klaas' Stimme blieb tief und rau und verlor nun auch hörbar an Kraft. Unser Tontechniker musste ihn jeden Tag lauter regeln. Björns Laune war auf Nordpoltemperatur vor dem Klimawandel. Er fürchtete jeden Tag, seine Stimme komplett zu verlieren.

»Weißt du was?«, raunte Klaas beim Frühstück im *Hirschen* in Baunatal, als Björn sich gerade Kamillentee holte. »Könnte ich auch nur *einen Abend* in seinem Körper sein ... ich wette, ich könnte mit seinen Stimmbändern *alles* machen, Operette, Parodien, DDR. Er *ist* überhaupt nicht krank! Er bildet sich das nur ein!«

Dann erwischte es Miriam. Vor unserem Auftritt in einem ehemaligen OK-Supermarkt in Vellmar (»Mama knutscht mit Onkel Elmar – Weihnachten in Niedervellmar«) bekam sie Fieberschübe.

»Nur ein bisschen!«, beruhigte sie. »Ein paar Paracetamol, und ich tanze wieder!«

Sie sah bleich aus. Ringe unter den Augen. Sie gehörte ins Bett. Aber sie dachte gar nicht daran. Sie hätte mühelos allein sechs Kinder durchgebracht.

Die Saison endete mit einer Tour durchs Hamburger Umland: Sasel, Ahrensburg, Rellingen, Pinneberg (»Draußen friert ein Gartenzwerg – Weihnachten in Pinneberg«). Dort, wo die Abonnenten des *Hamburger Abendblattes* lebten, wenn sie nicht schon verstorben waren. Eine Analyse der Zeitung hatte ergeben, dass aus Hamburg selbst fast niemand diese Zeitung las. Und natürlich, wenn wir bis dahin durchhielten: Neumünster. Das Stadttheater. Ich würde als ehemaliger Schüler des Immanuel-Kant-Gymnasiums wie ein Messias begrüßt werden. Am Vorabend erkundigte ich mich nach Miriams Fieber.

»39,2. Also, alles unter Kontrolle«, hauchte sie in der Umkleide in Rellingen. »'n paar Ibu, Paracetamol, Aspirin direkt ...«

»Kann man das alles zusammen nehmen?«, zweifelte ich. Ich hatte einmal auf der Weihnachtsfeier der Deutsch-Finnischen Gesellschaft vor dem Auftritt eine Aspirin genommen, eine einzige, und musste dann den ganzen Auftritt über wie ein Wahnsinniger über meine eigenen Pointen lachen. Als Einziger.

Am folgenden Morgen um elf klingelte mein Handy. Auf dem Display sah ich den Namen *Klaas*. Er rief nie so früh an. Er schlief normalerweise bis zwei.

»Na, Digger, alles gut, oder was?«, versuchte ich gute Stimmung zu verbreiten.

Ich hörte etwas, das mir Angst machte. Es war ein Zischen. Ein Hauchen. Dann Raspeln. Ein Wort war nicht daraus zu entnehmen. Schließlich doch: »Stimme ist weg.« Mir brach der Schweiß aus. Neumünster. Sechshundert Plätze. Meine Mutter mit ihren Landfrauen. Meine früheren Lehrer. Das schöne Geld. Die Jubelkritik im *Holsteinischen Courier*, dessen Chefredakteur mit mir im Deutschleistungskurs gesessen hatte.

»War gestern noch feiern«, krächzte Klaas. Ich konnte es nicht fassen. Wir brauchten eine strafbewehrte Verfassung für die Band. Mitglieder der Gruppe mussten verpflichtet werden, zwischen dem 17.11. und dem 23.12. *alles* zu unterlassen, was irgendwie geeignet wäre, die stimmliche Gesundheit ... und so weiter.

»Keine Sorge«, röchelte er, »ich war bei Brunckhorst.« Der HNO-Arzt an der Oper, der angeblich schon Pavarotti und Andrea Bocelli wieder hinbekommen hatte.

»Und?«, fragte ich. »Kann man was machen?«

Raspeln, Zischeln, Knarzen. Ich glaubte herauszuhören: »Er kriegt das hin!«

Ein Wunder. Klaas hatte Brunki, wie wir ihn nannten, überreden können, abends nach Neumünster zu kommen. Eine Stunde vorm Auftritt tauchte er hinter der Bühne auf und spritzte Klaas eine großzügige Portion Kortison direkt in die Stimmbänder.

»Reicht für drei Stunden«, erklärte er. »Danach ausruhen!«

»Deine Soli kannst du vergessen«, mahnte Björn mit seiner seit Wochen tonlosen Stimme.

»Machst du Witze?«, knarzte Klaas. »Wie soll das Programm ohne meinen Biker funktionieren? Ohne *Der Weihnachtsmann ist müde?* Hallo?«

»Mach, wie du meinst«, erwiderte Björn und rollte die Augen.

In diesem Moment musste ich an Nietzsche denken, die ewige Wiederkehr. Dieser Dialog würde auch in dreißig Jahren noch stattfinden, genau so. Wir waren Verdammte.

Um halb acht zogen wir uns um. Aus Miriams Umkleide kam ein erschreckender Seufzer. Wir alle hörten ihn. Wir rannten hin.

»Leute, das Fieber ist unter Kontrolle ... aber ...«

»Aber was?«

»Mir ist so dizzy ... so ... schwindelig. Ich glaub, wenn ich stehen muss, kipp ich um.«

»Alles gut, alles paletti, keine Panik auf der Titanic! Wir stellen dir 'n Barhocker hin, da chillst du dich drauf.«

Obwohl Klaas die fünfzig überschritten hatte, versuchte er, jugendlicher zu sprechen als die Abbrecher der Nelson-Mandela-Stadtteilschule in Harburg-Mitte.

»Aber was wird denn dann aus den Choreografien?«, fragte ich verdattert. »Das Musical *Kumpel Jesus*? Ohne Tanz?«

»Ist halt 'ne konzertante Aufführung, gibt's in der Oper auch«, dozierte Björn. »Oder willst du das hier absagen? Und übrigens, Miriam, *Süßer klei-*

ner Weihnachtsmann entfällt dann ja wohl. Dafür mache ich die Parodien heute wieder.«

Ich konnte es nicht glauben. Klaas konnte es nicht glauben. Ostern und Weihnachten fielen auf einen Tag. Die Parodien waren wieder da!

»Na ja«, brummte er, »Sechshundert Leute. Und ab morgen haben wir frei.«

Dr. Peter Brommel, der Leiter des Stadttheaters, ließ es sich nicht nehmen, uns mit seiner Frosch-Stimme persönlich darüber zu informieren, dass wir auf die Bühne mussten. Klaas und ich stürmten nach oben, Björn trottete uns nach, dahinter schlich Miriam. Wir waren eine Einheit.

»Weihnachten mit *Singtonic*!«, begrüßte ich das johlende Publikum. »Das ist Weihnachten mit Maria und Josef, mit Ochs und Esel, mit Wolfgang Thierse und Ronald Pofalla!«

Das Problem war nicht mal, dass Miriam die ganze Zeit auf dem Barhocker saß, während ich vorne versuchte, die Stimmung zum Siedepunkt zu bringen. Sondern dass sie zwischen den Liedern im Schildkrötentempo von der Bühne schlurfte, hinter der Bühne sich hörbar aushustete, um dann wieder zurückzuschlurfen.

Schon die zweite Nummer war Klaas' Solo *Wir schenken uns nichts*, eine George-Michael-Parodie. Klaas setzte an zu singen, doch es klang, als käme einfach nichts heraus. Verzweifelt drehte unser Tonmann das Volumen hoch. War das Kortison ein Placebo gewesen? Klaas klang nicht anders als heute Morgen am Telefon. Erneut trippelte Miriam von der Bühne, um zu husten. Danach hing sie wieder auf dem Hocker wie morgens um fünf nach durchzechter Nacht.

»Bei aller Liebe«, sagte ich in der Pause. »Wieso hustest du nicht einfach leise auf der Bühne?«

»Weil ich nicht leise husten kann!«

»Aber musst du so schlurfen?«

»Ey, ich hab vierzig Fieber! Ich schlepp mich hier auf die Bühne, damit du vor deinen bescheuerten Ex-Mitschülern mit uns angeben kannst, und du musst mich noch runtermachen!«

Ihre Stimme wirkte so kräftig wie in der ganzen ersten Hälfte nicht.

»Leute, alles gut«, ging Björn dazwischen. »Es ist unser letzter Auftritt.«

Mein Handy meldete sich. Olaf. Unser neuer Agent. Seit wir zu ihm gewechselt waren, traten wir hauptsächlich in Turnhallen auf, in Nordfriesland, Nordhessen und Unterfranken. Aber er erweckte immer den Eindruck, sich von morgens früh bis abends spät für uns in die Bresche zu werfen. Jetzt sein Video-Call.

»Wie läuft die Tour?«, erkundigte er sich.

»Schleppt sich dem Ende zu«, brummte Björn.

»Geht ab der Fuchs!«, rief Klaas rau. »Wir rocken die Hütten! Nach Gutsherrenart! Und bei dir so?«

»Gute Nachrichten«, frohlockte Olaf. »*Good news*! Wir haben *eben* noch ein Engagement reinbekommen!«

»Schauspielhaus?«, fragte Klaas. »Alte Oper Frankfurt?«

»Kulturhütte Arbon! Das ist am Bodensee! Ursus und Nadeschi haben abgesagt, Stimmbandentzündung, und ich habe euch da reinbuchen können!«

»Für wann denn?«, erkundigte sich Miriam.

»Übermorgen ist Heiligabend.«

»Morgen«, jubelte Olaf. »Wenn ihr den Zug um sechs Uhr morgens nehmt, kriegt ihr die Fähre über den Bodensee um 15:30 Uhr und seid um 17 Uhr pünktlich beim Soundcheck. Es gibt 1.600 Tacken!«

»Für jeden?«, fragte Björn.

»Es ist nicht die Welt«, erklärte Olaf und lief leicht rot an, »aber es ist das Tor in die Schweiz! Da wollten wir doch immer schon hin!«

»Und der Rückweg?«, fragte ich etwas lahm. Die Bescherung mit Lina, Leo und Lukas war für 16 Uhr vorgesehen. Wie sollte das gehen? Eva würde mich umbringen. Oder gar nicht erst reinlassen.

»Es gibt einen komfortablen Zug um vier Uhr morgens«, erläuterte Olaf.

»Wir müssen auf die Bühne«, stellte Miriam klar.

»Also, ihr seid dabei?«, fragte Olaf mit überschwänglicher Begeisterung.

»Volle Elle, geht ab die Luzi!«, bestätigte Klaas und machte das Victory-Zeichen in die Kamera. Dann tippte ich auf den roten Kreis, um die Übertragung zu beenden.

»Das darf jetzt nicht wahr sein, oder?«, fragte Miriam tonlos.

»1.600«, stöhnte Björn, unser Kassenwart. »Was soll da übrig bleiben nach Fahrtkosten, Honorar für Tonmann und Agenturprovision?«

»Leute, Schweiz!«, mahnte Klaas. »Schweiheiz! Leider sehr geiheil!«

Wieso hatte ich nicht interveniert? So war es immer mit Olaf. Er schleppte die schlechtesten Deals der Welt an, aber verkaufte sie mit so leuchtenden Augen, wie Leo sie haben würde, wenn er zum Heiligabend den Lego-Kampfjet bekäme. Nur würde ich zu dieser Zeit noch im Zug sitzen.

Unser Techniker kam rein.

»Geht weiddder! Und Miriam, bidde nich immer so von der Bühne schlurfen, das sieht sooooo scheiße aus ...« Er zwinkerte ihr zu und verschwand wieder. Wie schaffte er es, dass ihm niemals jemand was übelnahm? *Kritik ohne Reue* – mit dem Online-Kurs würde er Millionen verdienen.

Zweite Hälfte. Miriam wurde noch bleicher, Klaas' Stimme verschwand in einem akustischen Nirvana. Ich spürte ein Kratzen im Hals. Das Schlucken tat weh, an der linken Seite. Ich konnte mich kaum konzentrieren. Ich würde morgen zehn Stunden im Zug sitzen. Und übermorgen auch. Ich würde zwei Mal um vier Uhr aufstehen müssen. Heiligabend würde ich Miriams Fieber mit Klaas' Reibeisenstimme kombinieren.

Björn merkte, wie schlecht ich mich fühlte. Er drehte auf, sang spontan den saarländischen Operettenbariton, und es wurde die Nummer des Abends.

»Mein Herzelein, das war ja wieder sooo ein Genuss!«, umarmte mich meine Mutter nach der Vorstellung im Foyer. »Aber wo ist denn bloß Miriam? Die sah ja wieder fantastisch aus!« Vermutlich lag sie mit vierzig Fieber in der Umkleide und freute sich auf die Fahrt nach Arbon in aller Frühe.

»Also, wenn ich *etwas* jünger wäre«, scherzte mein Patenonkel, der gerade seinen 80. gefeiert hatte, »wenn ich nur *etwas* jünger wäre, würde ich sie um ein Date bitten ... sooo ein Leckerbissen! Diese Engelshaare! Und diese ... diese ...« Er peinigte uns mit einer Geste und suchte nach einem Wort, vor dem seine Frau ihn bewahrte.

Ich zog meine Mutter beiseite. Die linke Seite meines Halses war eigroß angeschwollen. Klaas hatte mit Islamoos ausgeholfen, doch die Entzündung war davon nicht zu beeindrucken.

»Sag mal«, flüsterte ich ihr zu, »hast du nicht gemerkt, wie schlecht es allen geht? Björn ist krank, Klaas hat keine Stimme, und Miriam wäre fast in Ohnmacht gefallen!«

»Spatzelein, was du dir wieder ausdenkst«, winkte meine Mutter ab. »Davon hab ich nix gemerkt. Und meine Landfrauen auch nicht. Ihr wart wieder absolute Spitze! Und Björns Westerwelle – ›Ich stehe hier nicht als Tourist in kurzen Hosen!‹ – sooo köstlich!«

Wie sagte Goethe: Man sieht nur, was man weiß.

Schöne Bescherung

Schenken und Wünschen sind etwa gleich gefährlich. Als ich acht war, wünschte ich mir zu Weihnachten eine Spielesammlung. Als Hauptgeschenk. Unter dem Berg an Nebengeschenken hatte ich Heiligabend schon einen großen, eingepackten Kasten entdeckt. Das musste sie sein. Ich konnte die Bescherung kaum abwarten. Nach ausführlichem Singen, Blockflöten, Tannenbaumschmuckbewundern und Kerzenzählen durften wir endlich auspacken, der Reihe nach und immer abwechselnd: meine Großeltern, meine Eltern, meine beiden Geschwister und ich. Es gab Bücher und Stifte, Walnüsse und Marzipankartoffeln, selbst gestrickte Socken und Pullover. Endlich beim Hauptgeschenk angelangt, war mir bereits übel von den mehlig-braunen Marzipankartoffeln. Ich ging zu meinem letzten Geschenk, und als ich es hochhob, merkte ich, dass etwas nicht stimmte. Ich riss das

Papier ab. »Nicht reißen!«, hörte ich meine Mutter rufen, »das Papier können wir doch wiederverwenden!« – und hielt einen Ranzen in den Händen. Einen Schulranzen. Ich konnte meine Tränen kaum zurückhalten. Was sollte ich bitte damit? Mich freuen?

Aber das ist eben die eiserne Regel meiner Mutter: Es muss eine Überraschung sein. Also, es soll schon das sein, was man sich am meisten wünscht, aber gleichzeitig eine totale Überraschung. Im Idealfall hat man also selbst nicht den blassesten Schimmer davon, was man sich eigentlich wünscht, im Gegensatz zu meiner Mutter, die es irgendwie gespürt oder erraten hat. Die Erwartung des Unerwarteten soll eine emotionale Spannung aufbauen, die sich dann in einer überwältigenden Freude über die plötzliche Erfüllung des tiefsten Wunsches entlädt. Zu diesem mystischen Ritual passen der überdimensionierte Baum, die selbst geschnitzten, geklebten und gefalteten Engelsfiguren, die ihn zieren, und die selbst gezogenen Bienenwachskerzen, die ihn erleuchten.

Genau das Gegenteil praktizierte meine Omi aus Barmstedt. Dort gab es immer dieselbe, einen halben Meter hohe Plastiktanne mit Lametta und elektrischen Kerzen, und für uns drei Kinder je einen Umschlag mit zehn Mark. Keine Spannung, keine Enttäuschung, die Erwartung des Erwartbaren, so wie eine Kantate von Telemann oder der Dienstagabendfilm im ZDF.

Einmal allerdings stellte sich heraus, dass Birte und ich wie üblich zehn Mark im Umschlag gehabt hatten, mein Bruder Matze aber zwanzig. Matze versteckte seine Schadenfreude hinter geheuchelter Bescheidenheit, Birte und ich waren entsetzt, aber heute muss ich mir eingestehen, dass Matze in jenen Jahren fast jedes Wochenende bei Omi aus Barmstedt verbrachte, während Birte und ich schon wegen des Geigenunterrichts am Wochenende mit dem Zug zu den anderen Großeltern nach Harburg fuhren. Deren Wohnung lag im vierten Stock und hatte einen mit Geranien geschmückten Balkon, es gab Kartoffeln mit Quarkstippe, ich durfte meiner Omi beim Abwaschen helfen, während sie mir Geschichten über Yehudi Menuhin erzählte, und abends beim Zubettgehen erklärte sie mir die »Lichtelein« am Himmel. Die Sternstunden meiner Kindheit.

Ein einziges Mal sollte ich eine Woche bei der Omi aus Barmstedt verbringen. Es roch seltsam, meine Omi sprach fast gar nicht, kochte *Snuten un Poten* – (Schnauzen und Pfoten), ein deftiges, traditionelles Holsteiner Gericht, das zum Glück ausgestorben ist, und ich musste allein in einer winzigen Dachkammer mit Schräge schlafen, in der ein großes Ölbild hing, das einen Schiffsuntergang mit vielen verzweifelten Ertrinkenden zeigte. Schon am zweiten Tag bat ich unter Tränen meine Eltern am Telefon, mich wieder abzuholen. An Stelle der Omi aus Barmstedt hätte ich mir auch nicht mehr als zehn Mark geschenkt.

Opa Willi und Oma Christa, also Evas Eltern aus St. Ingbert, setzen die Barmstedter Tradition fort: Jedes Enkelkind bekommt einen Umschlag mit 20 Euro. Und dann wird Canasta gespielt. Bei elektrischem Kerzenlicht. Kein Brimborium, kein Mysterium. Und weil unsere Kinder auf keinen Fall ein Ranzentrauma erleiden sollen, dürfen sie uns vor dem Heiligen Abend ganz genau sagen, was sie sich wünschen.

Lina wollte schon lange Meerschweinchen. Und das war nicht schwer. Denn unser Freund Holger arbeitet an einer Gesamtschule, die einen eigenen Zoo unterhält: Kaninchen, Fische, Schlangen, Mäuse, Bienen und Meerschweinchen. Mitte November hatte ein Meerschweinchenweibchen fünf Junge geworfen, zwei davon durften wir vor einer Woche abholen. Den Käfig hatten wir schon besorgt, Streu, eine kleine Schlafhütte und Spiel-Äste. Alles zusammen versteckte Dankmar bei sich, der Informatiker, der einen Stock unter uns wohnt.

Lukas wünschte sich eine *iWatch*. Das ist eine Uhr, mit der man telefonieren kann. Nur viel umständlicher.

»Das ham jetzt alle«, begründete er seine Wahl.

»Wer ist alle?«, fragte Eva.

»Zum Beispiel … Niklas.«

»Und wer noch?«

»Äh … Niklas. Eben alle.«

Ich erkundigte mich. Das *GPS+Cellular*-Modell in Silber und Abyssblau, das er sich wünschte, kostete im Sonderangebot 349 Euro. Das lag genau 249 Euro über den 100 Euro, die wir maximal pro Hauptgeschenk ausgeben. Aber Eva gab nicht so schnell auf. Sie fand genau das Gerät, das Lukas unbedingt haben wollte, auf eBay-Kleinanzeigen für nur 179 Euro. »Dieses Gerät ist generalüberholt, voll funktionsfähig und in ausgezeichnetem Zustand«, versprach *Mehmet77*, der Verkäufer, der auch schon 966 positive Reviews hatte. Wir warfen alles Geld zusammen, von ihren Eltern, ihren Schwestern und uns und bestellten es.

Leo durfte noch keine Haustiere haben. Ich erkundigte mich trotzdem in der Zoohandlung nach Fischen.

»Haben Sie 'ne gute Versicherung?«, fragte der Verkäufer. »Mein Aquarium ist letztes Jahr geplatzt. 15.000 Euro Schaden.«

Nein, Fische kamen nicht infrage. Also wünschte Leo sich von meinen Eltern den *Star-Wars-Truppentransporter* und von uns eine *Beyblade-Arena*. Das ist eine kleine, rotbraune Wanne, in der die japanischen Kampfkreisel sich gegenseitig umwerfen. Leos Freunde hatten alle eine.

»Das wird so cool«, schwärmte Leo. »Dann können wir jeden Tag bladen, Papa.«

Das Problem war bloß: Die Arena war seit Wochen ausverkauft. In der Stadt. Im Umland. Bei Amazon. Meine Eltern klapperten alle Läden in Neumünster ab, Evas Eltern das westliche Saarland. Ich ließ meine Freunde in Freiburg, Frankfurt, Mainz und Berlin suchen und bettelte meine 3.264 Facebookfreunde an. Nichts.

Dann fiel mir Carl ein. Der Bruder der Frau meines Trauzeugen. Er studiert gerade an einer International Business School und wird dort *Master of Advanced Controlling, Outsourcing and Downgrading.*

In Singapur. Da kommen die Dinger doch her. Und tatsächlich, Carl kriegte dort eine Arena. Mitte Dezember flog er nach Hamburg. Wir waren gerettet. Weihnachten konnte kommen.

Das Unheil begann mit dem Besuch meiner Eltern am dritten Advent. Sie hatten sich selbst zum Kaffeetrinken eingeladen, und irgendwie wusste ich, dass das keine gute Idee war. Es begann damit, dass sie zu früh kamen und wir noch gar nicht mit dem Decken des Tisches fertig waren. Sie klingelten um viertel vor vier.

»Omi und Opa!«, rief Leo und rannte zur Tür, meinen Eltern in die Arme. Mein Vater hob ihn sogleich hoch.

»Opa!«, rief Leo, »ich bin *richtig* reich!«

»Na, mein Spatzl«, sagte Opa Herbert, »wieso denn?«

Während die beiden ihre Mäntel ablegten, tanzte Leo begeistert um sie herum.

»Wir hatten Flohmarkt in der Schule!«, sagte er. »Ratet mal, was ich verdient hab!«

»Keine Ahnung«, sagte Omi. »Fünf Euro?«

Leo strahlte. »Fa-alsch! Weiterraten!«

Meine Mutter guckte ungläubig.

»Sieben Euro?«

»Opa, rate du mal!«

»Drei Euro?«, knurrte Opa Herbert.

»Fünfzig!«, platzte Leo heraus. »Das war *so krass*! Weil Dari wollte für die beiden Feuerwehrautos erst nur fünfzehn Euro rausrücken! Aber ich hab einfach gesagt …«

Meine Mutter starrte mich entsetzt an. Dann fixierte sie Leo. »Du hast die beiden *Feuerwehrautos* verkauft?«

»Ja, und die Polizeistation! Und noch 'n paar Bücher. Also Dari ...«

Meine Eltern wechselten unheilvolle Blicke. Es sah aus, als wollten sie gleich wieder gehen.

»Spatzl«, sagte Opa Herbert, und es kostete ihn offenbar Mühe, ruhig zu bleiben, »das waren doch nicht die Feuerwehrautos, die Omi und ich dir letztes Jahr zu Weihnachten geschenkt haben?«

Leo überhörte den besorgten Tonfall.

»Quatsch, Opa!«, sagte er. »Das war vor zwei Jahren! Und ich wünsch mir ja jetzt von euch den *Star-Wars-Truppentransporter* von Lego ...«

Meine Mutter guckte entgeistert ihren Enkel an.

»Leo! Du verramschst die Weihnachtsgeschenke von Omi und Opa auf dem *Flohmarkt*?«

Ich hätte es wissen müssen. Meine Schwester wäre mit 17 fast enterbt worden, weil sie die Wollpullover verkaufen wollte, die meine Mutter ihr zu Weihnachten gestrickt hatte. Allerdings hatte niemand sie kaufen wollen. Und dass ich meinem Freund Christian den Fernseher gegeben hatte, den Testsieger, das letzte große Hauptgeschenk, haben sie mir bis heute nicht verziehen.

»Sören«, die Stimme meines Vaters wurde scharf, »so üppig ist meine Rente ja nun nicht. Für diese Feuerwehrstation haben wir damals über 100 Euro ausgegeben!«

»Opa, jetzt übertreib mal nicht!«, mischte sich

Lukas ein. »Das Ding hat doch höchstens 'nen Fuffi gekostet. Wenn's kein Sonderangebot war.«

»Das war kein Sonderangebot!«, erregte sich meine Mutter mit hochrotem Kopf.

»Aber Omi«, verteidigte sich Leo, »ich bin doch kein Baby mehr! Ich bin *acht*! Ich spiel doch nicht mehr mit *Feuerwehrautos*!«

Die beiden sahen sich an. Mein Vater fand als Erster die Sprache wieder.

»Wenn du unsere teuren Geschenke mal eben so verramschst, Spatzl, dann können Omi und ich dir auch nichts Wertvolles mehr schenken!«

Leo schluckte.

»Heißt das, ich kriege von euch nichts zu Weihnachten?«

Tränen schossen ihm in die Augen.

»Das lag doch alles bloß rum«, krächzte Lukas. »Nun gönnt ihm doch seinen kleinen Gewinn! Ich hab auch die Gitarre verkauft, die ihr mir mal geschenkt habt.«

»Die *Gitarre*?« Meine Mutter war dem Herzinfarkt nahe.

Auf keinen Fall durften sie jetzt noch erfahren, dass Lina auf dem Flohmarkt ihr Puppenhaus und ihre Puppenküche vom letzten Jahr verhökert hatte – mit allem Zubehör.

Das Adventskaffeetrinken wurde sehr kurz und eisig und ich grübelte darüber nach, ob die zwölf Tage bis zum ersten Weihnachtstag reichen würden, meine Mutter wieder milde zu stimmen. Vermutlich würde sie es selbst nicht aushalten, ihren Enkeln keine Hauptgeschenke zu machen, und mein Vater würde es auf Eva schieben und auf die Großeltern aus St. Ingbert.

Vier Tage vor Weihnachten saß Lina unglücklich am Abendbrottisch.

»Papa, das *juckt* vielleicht!«

Sie kratzte sich unentwegt am Kopf. Der Zettel aus der Schule fiel mir wieder ein. *Information zu einem aktuellen Kopflausbefall in der Einrichtung.* Ich untersuchte ihre Haare und fand zwei Nissen. Das sind Läuse-Eier. Sie sehen aus wie Mini-Brotkrümel, mit dem Unterschied, dass sie an den Haaren festkleben.

»Ich habe Läuse?«, fragte Lina verzweifelt. »Direkt vor Weihnachten?«

»Ich fahre zur Notapotheke«, erklärte ich.

»Quatsch«, sagte Eva. »Ich kenne ein super Hausmittel. Haare und Kopfhaut mit Mayonnaise einreiben, Handtuch drum, und nach zwölf Stunden mit Essiglösung auswaschen.«

Lina verzog das Gesicht.

»Der ganze Kopf voll Mayonnaise?«

»Olivenöl geht auch«, meinte Eva.

»Auf hundert!«, krächzte Lukas. »Mit Rucola und Ziegenkäse, oder was?«

Ich war auch entsetzt und fuhr mit dem Fahrrad zur nächsten Notapotheke.

»*Läusegeist* ist der Marktführer«, erläuterte der Mann im weißen Kittel. »Der Wirkstoff ist aber ein Insektizid. Hochgiftig. Oder Sie nehmen *Läusokill*. Aber dagegen sind viele Stämme schon resistent.«

Klang beruhigend. »Oder dieses gut verträgliche Spray. Sie müssen die ganze Familie behandeln. Aber auf keinen Fall trockenföhnen! Dann geht Ihr Kind in Flammen auf.«

Das nahm ich.

»300 Milliliter. Macht 63,50 Euro.«

Ziemlich teure Haustiere.

Zu Hause hatte Eva schon sämtliche Bettwäsche ausgewechselt und die Kuscheltiere in luftdichte Müllsäcke verpackt. Leo standen die Tränen in den Augen.

»Ich soll ohne Fuchsi schlafen?«

»Leider ja. Zwei Wochen.«

»Was???«

»Dann sind die letzten Läuse geschlüpft und erstickt.«

Leo schluchzte auf. Seine Kuscheldecke verschwand gerade im Müllsack. Sie hatte ihn seit seiner Geburt begleitet. Lukas studierte die Packungsbeilage des Sprays.

»*Kann zu Schwellung, Rötung oder Ausschlag führen*. Das mach ich nicht!«

»Das ist sehr gut verträglich«, sagte ich.

»Ich hab sowieso keine Läuse!«

»Lukas, wenn nur *eine* Laus überlebt ...«

»Leute, das is' nicht Ebola! Die Viecher sind völlig harmlos!«

»Keine Diskussion!«

Wir sprühten alle Köpfe ein und suchten stundenlang die Haare nach Nissen ab. Strähne für Strähne. Ich kam mir vor wie Rübezahl. Eine Nisse übersehen und alles war umsonst. Eine Laus legte hundert Eier am Tag. Nachts schreckte meine Frau hoch. »Was ist mit den Sofakissen?«

»Die kannst du ja mit Mayonnaise einreiben«, beruhigte ich sie.

Auch mit *Mehmet77* gab es Probleme. Obwohl wir ihm wunschgemäß die 179 Euro überwiesen hatten, war noch kein Paket von ihm eingetroffen, und seit einer Woche antwortete er auch nicht mehr auf Mails.

Dann kam der Schneesturm über London. Carl, der längst mit der *Beyblade-Arena* in Deutschland sein sollte, saß drei Tage in Heathrow fest. Irgendwann kriegte er einen Flug nach Frankfurt. Aber sein Koffer war im Londoner Schnee verschollen. Mit der Arena. Er war versehentlich nach Mailand ausgeflogen worden. Keine Haustiere, keine Arena, kein Fuchsi, kein Hauptgeschenk von meinen Eltern. Das würde Leo nicht überleben.

In letzter Not kauften wir ihm eine *Wii*: eine Spielekonsole, auf der man fechten, bowlen und Tennis spielen kann – mit lustigen weißen Freihand-Controllern, die man durch die Luft schwingt. Wir hatten keine Ahnung, ob er sich das wünschte. Notfalls würden wir sie auf dem Flohmarkt wieder verkaufen. Für Lukas fanden wir auf Amazon prime eine marineblaue *iWatch* aus der älteren Serie 3. Ohne Kopfhörer und SIM-Card, auch nicht wasserdicht, aber mit garantierter Lieferung bis zum 24.12.

Heiligabend. Tiefschnee. Morgens schmückten die Kinder mit Eva den Baum. Mittags aßen wir Miracoli mit zu wenig Pamesello, danach las ich wie jedes Jahr unser Lieblingsweihnachtsbuch vor: *Wo bist du, Weihnachtsmann?* Der kleine Bär Berti unterbricht darin heimlich seinen Winterschlaf, um einmal dem Weihnachtsmann zu begegnen, und geht fast im Schnee verloren.

Zum Kindergottesdienst waren wir pünktlich, aber alle anderen waren noch pünktlicher, so dass wir nur ganz hinten im Gang auf dem Boden Platz fanden.

»Hallo, Kinder!«, rief Pastor Hake in ein übersteuertes Mikro. »Seid ihr alle da?«

»Jaa!«, brüllten die Kleinen.

Weihnachten als Kasperletheater. War das moderne Religionspädagogik?

»Wir feiern heute Geburtstag«, rief Hake. »Wisst ihr denn, wer heute Geburtstag hat?«

»Ich«, rief ein kleines Mädchen.

»Und wer noch?«, fragte der Pastor, ohne zu gratulieren.

»Jesus«, schrien zwei theologisch versierte Kids.

»Mann, Mann, Mann«, murmelte Lukas. »Kommen gleich die Teletubbies auf die Kanzel?«

Nein, es folgte ein Krippenspiel, das gefühlt so lange dauerte wie Wagners *Ring*, zumal man die Handlung schon kannte und die Kirche keine Fußbodenheizung hatte.

»Josef war echt 'ne arme Sau«, flüsterte Lukas mir zu. »Kein Sex mit der eigenen Frau. Und dann noch Vater werden. Wie peinlich ist das denn?«

Ich hoffte, dass ihn niemand hörte.

Fünf Uhr. Wieder zu Hause. Leo hielt es kaum noch aus. Eva drapierte die Geschenke unterm Baum, zündete die Kerzen an und rief uns. Feierlich trippelten die Kleinen in ihrer schicksten Kluft ins Wohnzimmer. Lukas schlurfte in Zeitlupe hinterher. Wir setzten uns aufs Sofa, und ich genoss den Anblick der leuchtenden, gelben Bienenwachskerzen. Im ewigen Kampf zwischen meinem weihnachtskritischen Vater und meiner weihnachtsbeseligten Mutter hatte ich mich schon früh auf ihre Seite geschlagen. Irgendeine Religion musste man schließlich haben, und Weihnachten war vielleicht noch die harmloseste Religion, die es gab.

»Lassma singen«, sagte Lukas. »Damit wir mit der Bescherung an Start kommen.«

»Ich möchte noch einen Moment in Ruhe die Kerzen genießen«, entgegnete ich.

»Ooh, was soll das denn?«, stöhnte Lukas. Dann schwieg er eine Anstandsminute. Ruhe in einer fünfköpfigen Familie mit drei Alphatieren, ein Wunsch, so unerfüllbar wie Leos Wunsch nach einer *Beyblade-Arena*.

Ich holte die Gitarre und wir sangen aus dem Weihnachtsliederbuch, das ich für Lukas gekauft hatte, als er drei gewesen war. Bei *Es ist ein Ros entsprungen* musste ich weinen, und zwar wie immer an der Stelle »wohl zu der halben Nacht«. Und wie immer legte Lina den Arm um mich.

»Können wir jetzt endlich auspacken?«, quengelte Leo nach fünf Liedern.

»Wenigstens das Buch zu Ende«, forderte Lina.

»Das ganze Buch?«, fragte Leo entsetzt.

»Das sind nur noch fünf Lieder«, sagte ich.

»Kompromiss. Zwei Lieder«, schlug Lukas vor.

»Vier«, sagte Lina.

»Dann eben!«, sagte Leo und fing fast an zu heulen.

So ähnlich stellte ich mir die Verhandlungen zwischen der Pilotenvereinigung *Cockpit* und der Lufthansa vor.

Bescherung.

»Als Erstes das Geschenk für die ganze Familie«, verkündete Leo. Dafür hatte er letzte Woche sein gesamtes Weihnachtsgeld ausgegeben.

»Darf ich auspacken?«, fragte Lukas.

»Klar. Du bist ja auch die ganze Familie«, maulte Lina.

»Ich packe aus«, bestimmte Eva. Und betrachtete kurz darauf entgeistert die Packung.

»Triopse?«, fragte sie. »Was ist das denn?«

»Das sind Urzeitkrebse«, erklärt Leo. »Die können wir in diesem Becken hier züchten und beobachten.«

Eva verzog das Gesicht. »Aber die kommen mir nicht ins Wohnzimmer.«

Leo schien damit gerechnet zu haben.

»Dann … nehm ich sie gern zu mir«, bot er unverzüglich an.

»Standard«, sagte Lukas. »Das Familiengeschenk kommt in *dein* Zimmer? Warum nicht in meins? Gehöre ich nicht zur Familie?«

»Interessierst du dich denn überhaupt für Urzeitkrebse?«, fragte Leo, schon mit leiser Verzweiflung in der Stimme.

Ich vertagte die Diskussion. Die Kinder packten ihre Nebengeschenke aus. Bücher, Spiele, Klamotten. Lukas war als Erster bei seinem Hauptgeschenk.

»Äh, was ist das denn?«, fragte er.

»Eine *iWatch*«, sagte Eva stolz.

Er studierte sie ungläubig. »In Blau? Ohne Cellular?«

»Gebraucht, aber voll funktionsfähig!«, erklärte ich. »Die Batterie hat sogar achtzig Prozent der Originalleistung.«

Lukas schüttelte den Kopf.

»Und Series 3. Alles klar. Habt ihr die aus Afrika bestellt? Series 3 benutzt keine Sau mehr!«

Eva und ich sahen uns ratlos an.

»Und nicht mal neu«, legte er nach. »Was soll ich mit dem Schrott?«

Ich fand es gut, dass wir unseren Kindern beigebracht hatten, ihre Gefühle frei zu äußern. Eva war Psychologin, ihr war das sehr wichtig. Aber musste es gleich so offen sein?

Lina war dran. Wir hatten den Käfig im Schlafzimmer versteckt.

»Das sind Max und Marina!«, lächelte Eva.

Lina sah sie bekümmert an. Sie wollte sich zusammenreißen, nicht so pampig sein wie Lukas. Aber es gelang ihr nicht richtig. »Das hier ist ein *Männchen*?«, fragte sie fassungslos.

»Das ist Max, genau! Keine Sorge ... er ist sterilisiert ... und ... das ist doch ... ganz egal ...«, wandte Eva überrascht ein.

»Ich wollte zwei *Weibchen*!«, brach es aus Lina heraus. Sie weinte los und rannte in ihr Zimmer. Ich sah Eva an. Das war Linas Ranzentrauma. Wir hatten es verhindern wollen. Nun war es doch so gekommen. Ich würde gleich morgen früh Holger anrufen und fragen, ob man Max noch umtauschen könne.

Es konnte nur schlimmer werden. Leo war dran. Er hatte die letzten Wochen fast ununterbrochen von der *Beyblade-Arena* gesprochen und in seiner Krakelschrift in langen Listen festgehalten, wann und in welcher Reihenfolge er gegen wen von uns mit welchem Kampfkreisel bladen würde.

Er packte die *Wii* aus. Starrte sie an. Starrte uns an.

»Wie krass ist das denn?«, rief er. »Eine *Wii*! Ich hätte mich nie getraut, mir die zu wünschen.«

Jetzt standen mir die Tränen in den Augen.

»Mein Süßer«, sagte ich, »die kriegst du doch nur, weil die Arena ausverkauft war ... und Carls Koffer in Mailand verschollen ist ...«

»Weiß ich doch.« Leo grinste. »Hat mir Lukas schon alles vorher erzählt. Soo geil. Urzeitkrebse und 'ne *Wii* – das ist das beste Weihnachten, das ich je hatte!«

Eva legte den Arm um mich. Und lächelte. Zu dem Zeitpunkt wussten wir beide noch nicht, dass wir uns gleich dasselbe Überraschungshauptgeschenk überreichen würden: einen Original Asia-Wok aus schwarzem Schmiedeeisen.

Leo stand da und kratzte sich gedankenverloren am Kopf. Er hörte gar nicht auf damit.

»Oh nein«, sagte Lukas. »Nicht schon wieder, oder?«

»Das bleibt unter uns«, bestimmte Eva. »Auf keinen Fall morgen Omi und Opa erzählen!«

Meine Eltern haben es nicht geschafft, ihre Drohung wahrzumachen. Sie schenkten Leo den *Star-Wars-Truppentransporter*.

Von Opa Willi und Oma Christa gab es zwanzig Euro.

Der Koffer mit der Arena ist von Mailand nach Nairobi geflogen worden. Dort verlor sich seine Spur.

Auf keinen Fall!

Als Schriftsteller sollte man am besten überhaupt kein Weihnachten feiern. Jedenfalls nicht mit seiner Familie. Erst recht nicht, wenn man ständig über diese Familie schreibt. Und niemals, niemals – »auf keinsten«, wie Lukas sagen würde –, wenn man regelmäßig darüber schreibt, wie diese Familie Weihnachten feiert. »Wer die Wahrheit sagt, braucht ein schnelles Pferd«, sagen die Araber. Aber was, wenn man nicht mal reiten kann? Und dieses Jahr, gebe ich zu, war die Fallhöhe maximal hoch. Denn zum ersten – und vermutlich letzten! – Mal war wirklich unsere ganze Sippe beisammen: nicht nur meine Schwester aus Kentucky und Tante Hedi mit ihrem Dauersingle-Sohn Jeremias, nein, selbst meine sonst in der Welt herumjettende Tante Magnolia mit ihrem Mann Dr. Berti und sogar Onkel Helmut, der Religionslehrer aus Landau, mit seiner übergewichtigen Tochter Lucy, der sonst wirklich nie kommt, weil es ihm aus Landau zu weit ist. Nur Matze fehlte. Seine polnische Frau hatte sich gerade von ihm getrennt, nachdem sie etwas auf seinem Handy entdeckt hatte.

»Also wenigstens das mit Onkel Helmut hättest du dir sparen können«, meint Eva.

»Aber er heißt doch gar nicht Helmut in der Geschichte«, wende ich ein, »sondern Herbert. Und ich habe ihn von Landau nach Itzehoe umgesiedelt und einen Pfarrer aus ihm gemacht.«

»Und tatsächlich ist er Religionslehrer«, stöhnt Eva, »das ist ja ein Riesenunterschied!«

»Ohne die Religion hätte die Pointe nun mal nicht funktioniert. Ein Autohändler ruft eben nicht ständig *Ihr Flüchtlinge kommet!*«

»Wann begreifst du das mal«, faucht Eva. »Menschen sind keine Pointen!«

Ich seufze. Sie ist meine Frau. Sie kennt mich seit achtzehn Jahren. Sie hat alle meine Bücher gelesen. Zumindest das erste.

»Wenn nicht Menschen, wer dann?«, frage ich verzweifelt. Als ob ich selbst nicht am allerbesten wüsste, wie heikel das Ganze ist. Als ich begann, die Kolumne über unsere Familie zu schreiben, veröffentlichte ich sie absichtlich nicht in Hamburg, wo wir wohnen, sondern in Bremen, weil eben kein Hamburger jemals auf die Idee käme, eine Zeitung aus Bremen zu lesen. Auf diese Weise wurde ich der berühmteste kinderreiche Bremer, obwohl ich praktisch nie dort gewesen bin und die Stadt spießig und kleinkariert finde.

Leider kam die Zeitung irgendwann auf die Idee, aus den erfolgreichen Kolumnen ein Buch zu basteln. Das wurde zwar praktisch nur in Bremen verkauft und gelesen, aber natürlich bekam Leo es auch in die Hand. Er war so stolz, dass er drin vorkam, dass er es allen seinen Freunden schenkte. Ich werde nie vergessen, wie er sich eines Tages neben mich aufs Sofa setzte, den Mund zusammengepresst, um ein Weinen zu unterdrücken, und mir stumm das Buch in die Hand drückte. Mit einem Lesezeichen. In der markierten Geschichte versucht Leo vergeblich, sich mit Ann-Sophie zu verabreden. Er läuft mit dem Telefon um den Küchentisch herum und schlägt ihr tapfer und hoffnungsfroh lauter Termine vor, von heute Nachmittag bis in sechs Monaten, und sie ersinnt immer neue, immer fadenscheinigere Ausreden, warum das leider nicht gehe: Ballett, Fechten, Tantenbesuch, Hausaufgaben, Aufräumen, Kaninchenfüttern.

»Wie steh ich denn da?«, verzweifelte Leo. »Wie der absolute Loser!«

Ich sah ihn an, von Mann zu Mann, obwohl er gerade mal neun war. »Leo, du musst eins verstehen. Wir alle sind Verlierer. Fast immer. Und deswegen lieben wir den Verlierer. Im Herzen sind wir nicht bei Ann-Sophie, sondern bei dir. Am Ende denkt jeder: Was für ein süßer Junge – und was für 'ne doofe Zicke.«

»Ann-Sophie ist keine doofe Zicke!«, stieß er hervor. »Sie wollte sich nur nicht mit mir verabreden. Wie peinlich ist das denn?!«

Ich strich ihm über den Kopf. »Was soll denn daran peinlich sein? Und es kann dir doch auch total egal sein, die Szene ist drei Jahre her, du warst in der ersten Klasse …«

»Papa, du raffst es nicht«, rief er, die Tränen schossen ihm in die Augen. »Ich bin *immer noch* in sie!« Das ist Jugendsprache für »in sie verliebt«. Und da wusste ich, dass ich einen Fehler gemacht hatte. Den ich nie wiederholen würde. Und darum habe ich *Ihr Flüchtlinge kommet!* ja auch nicht im *Hamburger Abendblatt* veröffentlicht, sondern in der *Stuttgarter Zeitung*. Stuttgart! Das ist 700 Kilometer weit weg. Ich kenne keinen einzigen Stuttgarter. Außerdem habe ich alle Beteiligten total verfremdet.

Wobei ich zugeben muss: Das mit dem Verfremden bringt gar nichts. Die Leute erkennen sich immer wieder. Oder noch schlimmer: Sie *glauben*, sich wiederzuerkennen. In meinem ersten Roman gab ich meinem Freund Moritz eine tragende Nebenrolle als schlauer Berater des Protagonisten und beschrieb ihn unter dem Namen Max naturgetreu, wie er ist: klein, dick, rundlich, rotwangig, weitsichtig, oberklug, eine gealterte Ausgabe von Karlsson vom Dach. Zwei Tage nach Erscheinen rief mich mein zwei Meter großer Basketballfreund Ole an: »Danke für die Ehre – aber eine so große Rolle hättest du mir doch gar nicht geben müssen!«

»Wie, große Rolle?«

»Na, der schlaue Max – das bin doch ich! Aber warum um Gottes willen musstest du mich klein und dick machen?«

Natürlich dementierte ich nicht. Dementis bringen nichts, wenn jemand glaubt, jemand anders zu sein.

Umso stärker war mein Ziehen im Magen, als Tante Magnolia, die exaltierte Schwester meines Vaters, am Heiligabend um vier Uhr aus der Beifahrertür ihres Familienrenaults stieg und triumphierend mit der *Stuttgarter Zeitung* wedelte.

»Wusstest du das?«, rief sie, »eine ganze Seite!«

Das war Tante Magnolia. Glaubte sie etwa, ein Praktikant der *Stuttgarter Zeitung* hätte bei mir vorgestern Nacht eingebrochen und das Manuskript unter meinem Bett gefunden, in einem Koffer mit der Aufschrift »Nicht öffnen! Familienweihnachtsgeschichten – bestimmt zum Verbrennen nach meinem Tod!«, um dann auf einem Pferd mit der Pergamentrolle unterm Arm nach Stuttgart zurückzureiten?

»Wahnsinn!«, sagte ich. »Sie haben die Geschichte wirklich genommen?«

»Seite drei! Ich bin ja so stolz auf dich.« Sie strahlte. »Wir haben Benny in Stuttgart besucht, und heute morgen im Hotel beim Frühstück, ich trau meinen Augen nicht! Hab gleich zwölf Zeitungen besorgt, für jeden eine!«

Mir brach der Schweiß aus. Allein was ich Onkel Helmut alles angedichtet hatte ... Das durfte heute niemand zu lesen bekommen. Auf keinen Fall!

»Oh, wirklich?«, lächelte ich. »Wie fandest du die Geschichte denn?«

»Ich bin doch noch nicht zum Lesen gekommen«, erklärte sie scherzhaft erbost. »Am besten liest du sie heute Abend unterm Tannebaum vor, was meinst du? Wir sind ja alle so stolz auf dich!«

Tante Magnolia. Selbst wenn sie Onkel Helmut begegnen würde, wie er gerade mit in die Stirn gezogenem Hut und hochgeschlagenem Mantelkragen die *Herbertstraße* verlässt, unser berühmtes Straßenbordell, würde sie ihm wohl spontan dazu gratulieren, dass er gerade versucht habe, die jungen Mädchen aus der Ukraine und Rumänien von ihrem sündigen Tun abzubringen. Und um alle daran teilhaben zu lassen, würde sie ein Foto von ihm mit runtergezogenem Hut und hochgeschlagenem Mantelkragen vorm *Herbertstraßen*-Eingang schießen und auf Facebook posten. Tante Magnolia ist die perfekte Romanfigur: In der Verfolgung bester Absichten löst sie zuverlässig Katastrophen aus. Und ist sich dabei keiner Schuld bewusst. Sie glaubt so fest an das Gute im Menschen und sagt so zuverlässig die Wahrheit wie Fürst Myschkin in dem Roman, den Dostojewski nicht umsonst *Der Idiot* nannte.

»Das mit dem Vorlesen ist eine super Idee«, sagte ich zu ihr. »Aber das macht doch nur Sinn, wenn vorher noch keiner die Geschichte kennt. Gib mir mal die Zeitungen, die verteile ich dann nach dem Vorlesen.«

»Kluges Bürschchen!« Tante Magnolia stupste mir mit dem Zeigefinger an die Nase. »Aber jetzt muss ich erst mal mein Bruderherz begrüßen, wo ist er denn, der geniale plattdeutsche Gogol …«

Und schon rauschte sie ab, während ihr Mann Bert langsam aus dem Wagen stieg. Er ist emeritierter Professor für Migrationsforschung, und wir nennen ihn alle Dr. Berti, weil er mit seinem hohen, eierförmigen Glatzkopf und seiner granteligen Humorlosigkeit an Ernies Kompagnon aus der Sesamstraße erinnert. Seit heute Morgen war er durchgefahren, durch Nebel und Schneetreiben, von Stuttgart bis Neumünster. Mutmaßlich hatte Magnolia sieben Stunden ununterbrochen auf ihn eingeredet. Im Durchschnitt reden Paare nach vierzig Jahren nur noch zehn Minuten am Tag miteinander. Vielleicht hatte auch Berti darauf gehofft. Vergebens. Er sah erschöpft aus.

»Hallo Bert!«, kam ich fröhlich auf ihn zu. Sein Blick ließ ahnen, dass er im Gegensatz zu seiner Frau die Geschichte schon gelesen hatte.

»Ihr nennt mich also Dr. Berti«, stellte er fest.

»Äh, nein«, dementierte ich lahm. »Nur weil dieser Onkel emeritierter Professor für soziale Diskriminierung ist ...«

»An einer *Fachhochschule,* ja? Ich war C4-Prof. an der größten soziologischen Fakultät der Republik, in Bielefeld!« Er sah mich an, als hätte ich ihm bei der Abschiedslaudatio verbotene sexuelle Vorlieben unterstellt, und schlug die Autotür zu.

»Sorg einfach dafür, dass niemand aus der Familie diese Geschichte *jemals* zu lesen bekommt«, sagte er sehr langsam und eisig. »Vor allem nicht dein Bruder.«

Ich schluckte. »Aber Matze ist doch gar nicht da! Der ist doch in Grönland ... oder war es Alaska?«

Bert sah mich an, sein Blick wechselte plötzlich von Zorn zu männlicher Solidarität, und er ging sehr nah an mein Ohr. »Magnolia hättest du nicht treffender beschreiben können«, flüsterte er. »Noch so ein Jahr, und ich bring sie um.«

Damit ging er zum Kofferraum und wuchtete die schweren Gepäckstücke heraus. Magnolia packt immer wie für eine Auswanderung, selbst wenn sie nur einen Tag zu Besuch kommt.

Mein Bruder. Es stimmt, er ist ein ganz besonderer Fall. Seine Popkarriere begann bereits im Alter von vierzehn Jahren mit der Schülerband *Rockdorf*, in seinen Zwanzigern spielte er in diversen Top-40-Bands im nördlichen Niedersachsen, brachte eine Single heraus, die in der deutschsprachigen Schweiz ein Sommerhit gewesen sein soll, war Entertainmentdirektor bei Hurtigruten und betreibt heute eine Event-Agentur in Tötensen. So weit, so unspektakulär. In meiner Geschichte habe ich ihn ehrlich gesagt hundertmal interessanter gemacht. Vermutlich kennen Sie Reinhold Messner, Rüdiger Nehberg oder Arved Fuchs. Leute, die nur mit einer Solartaschenlampe bewaffnet monatelang durch Nordsibirien, den indonesischen Dschungel oder die Wüste Gobi irren, wo sich aus gutem Grund sonst niemals Menschen aufhalten, um nachher darüber exklusiv im *Stern* zu berichten und mit Diashows durch die Stadthallen der Republik zu tingeln: *Allein in der Wüste – Wo die Tiger frieren – Nackt am Amazonas* und so weiter.

In meiner Geschichte hat Matze, der dort Michi heißt, schon als Dreijähriger Bildbände über die Antarktis studiert, mit fünf geht er zu den Pfadfindern, mit zwölf macht er das erste Survivaltraining im Sauerland, mit fünfzehn verlässt er zum Entsetzen meiner

Eltern die Schule und trampt vier Jahre durch Südost-asien, auf der Suche nach einem ersten spektakulären Expeditionsziel. Aber der Markt ist hart umkämpft. Fuchs macht die Arktis, Martin die Wüsten, Baumgartner die Sprünge. Adventure-Stephen – so nennt er sich jetzt in meiner Geschichte – wandert barfuß von Pinneberg nach Paderborn, durchschwimmt nackt den Plattensee, erklettert ohne Sauerstoffmaske einen unbekannten Berg in Peru, aber weder Red Bull noch der *Stern* zeigen sich interessiert. So wird er in meiner Geschichte erst Verkäufer bei *Globetrotter*, um schließlich als Reiseleiter bei *Froschreisen* anzuheuern, wo er am Ende mit zwanzig Erdkunde-Studienrätinnen in Schneeschuhen durch die weißen Weiten Lapplands stapft und dabei von seinen Abenteuern in Papua-Neuguinea erzählt. Wie gesagt, ich habe seine Biografie extra – und zu seinem Vorteil! – völlig umgeschrieben. Reiseleiter bei *Froschreisen* – ist das wirklich so demütigend? Immer noch besser als eine Event-Agentur, oder? Und wie gesagt, er ist ja gar nicht bei *Froschreisen*. Er heißt Matze, nicht Michi. Niemand kann ihn »wiedererkennen«. Worüber sollte er sich aufregen?

Wie man es auch macht, man macht sich Feinde. Hat Maxim Biller eigentlich noch Freunde? Ich weiß es nicht. Ich möchte es auch gar nicht wissen, vor allem jetzt nicht, da Tante Magnolia mit den zwölf *Stuttgarter Zeitungen* am Heiligabend ins Haus ihres Bruders stapft. In der Geschichte habe ich nämlich gleich zwei Weihnachtsticks meiner Mutter aufs Korn genommen: das *Selbermachen* und die *Über-*

raschung. Jede dieser Wahnideen hat schon für sich genommen genug Leid über die Menschheit gebracht, aber zusammen sind sie einfach unschlagbar: »Oh, eine Lampe aus Joghurtbechern! Was, äh, was … genau soll ich damit anfangen?«

»Ich wusste, dass du dich darüber freuen würdest. Fürs Wohnzimmer natürlich!«

In *Ihr Flüchtlinge kommet!* schenkt meine Mutter, die dort allerdings zur Anonymisierung nicht Gisela, sondern Gundula heißt, dem stockkonservativen afghanischen Flüchtlingsvater Walid selbst gehäkelte, froschgrüne Topflappen. Walid bedankt sich, hält sie für Servietten, putzt sich daran die Hände ab und wirft sie in den Müll. In dem *Offenen Brief*, den Helmut dann kurz vor Silvester an jedes Mitglied der Großfamilie schicken sollte, warf er mir aufgrund dieser Szene »puren Rassismus« vor – obwohl es doch offensichtlich nicht gegen Walid, sondern gegen die Topflappen geht. Außerdem habe er niemals »Seelsorge in der *Herbertstraße* betrieben«, weder mit weißblonden Ukrainerinnen noch mit schwarzhaarigen Libanesinnen. Meine Mutter reagierte ähnlich überzogen: Sie kündigte mir am zweiten Weihnachtstag am Telefon in bitterer Tonlage an, mir nie wieder etwas zu häkeln (zugegebenermaßen keine wirklich schlimme Drohung). Außerdem werde sie Eva, mir und den Kindern nie wieder Zutritt zur Familienfeier am ersten Weihnachtstag gewähren, weil sie sich »nicht kurz darauf als Xenophobe in der Zeitung sehen wolle«.

Ich verstehe die ganze Aufregung nicht. Walid tut mit den Topflappen doch nur das, was wir auch gerne täten, wenn die mitteleuropäische Höflichkeit uns nicht dazu zwänge, uns überschwänglich für Dinge zu bedanken, die wir grauenhaft finden. Dasselbe gilt für Walids Sohn Nuri, der in *Ihr Flüchtlinge kommet!* Helmuts dicke Tochter Lucy mit den Worten anspricht: »You are too fat. You should go to the gym. We could go together!« Im Original stammt die Bemerkung von meinem ghanaischen Freund Dodji, der damit bei einer Mitbewohnerin im Studentenwohnheim in Birmingham eine Panikattacke auslöste. In Ghana, so Dodji, sei es völlig normal, jemand darauf hinzuweisen, dass er zu dick geworden sei. In der Geschichte erleidet Lucy einen Nervenzusammenbruch und gibt unter Weinen bekannt, mit so einem Frauenfeind könne sie nicht zusammenleben, Flüchtling hin oder her. Dabei ist Nuri alias Dodji im Recht: Viel zu selten fordern wir unsere übergewichtigen Freunde auf, mehr Gymnastik zu treiben! Hier gilt es, von den Yoruba zu lernen. Aber weil ich schon ahnte, dass meine Familie das nicht kapieren würde, hechtete ich jetzt hinter Tante Magnolia her, die mit der Tasche, in der die *Stuttgarter Zeitungen* steckten, bereits das Haus betreten hatte.

Meine Mutter ist die Neugier in Person, sie würde die Geschichte sofort lesen, im Stehen, in weniger als einer Minute: Alles, was sie tut, tut sie in atemberaubendem Tempo. Vermutlich wird sie auch mit neunzig noch genauso schnell herumwieseln, und anders könnte sie es ja auch nicht schaffen, unserer fünfzehnköpfigen Kernfamilie am ersten Weihnachtstag drei Vorspeisen, neun Hauptspeisen und vier Desserts zu servieren.

»Ich bringe die Tasche eben in euer Zimmer!«, rief ich, schnappte sie Tante Magnolia weg, rannte damit die Treppe hoch ins Gästezimmer, zerknüllte und zerfetzte zwölfmal die Seite drei und entsorgte die Überreste im Altpapiercontainer im Seitenhaus.

»Du hast eine Geschichte geschrieben?«, begrüßte mich meine Mutter, als ich wieder die Küche betrat.

»Mutti, das tue ich andauernd«, antwortete ich so leichthin wie möglich.

»Komme ich auch drin vor?«

»Äh ... nein«, sagte ich. »Es geht um eine fiktive Familie. Ähnlichkeiten mit lebenden Personen sind rein zufällig.«

»Also die Drei-Meter-Tanne und die selbst gehäkelten Topflappen kommen auch nicht vor?« Sie sah mich lauernd an.

Ich lachte etwas künstlich. »Wo denkst du hin? Millionen Hausfrauen benutzen die Häkelvorlagen aus *Brigitte Woman*. Und wir lieben die drei Meter hohe Tanne!«

Ich begriff nicht. Sie konnte die Geschichte noch gar nicht gelesen haben. Kannte sie mich so gut?

»Aber jetzt muss ich mal die Geschenke aufbauen!«, sagte ich und flüchtete ins Wohnzimmer, wo mein jüngster Sohn Leo gerade seinem Onkel Jeremias aufzählte, was er sich alles von wem gewünscht habe.

»Also von Tante Hedi das Viking-Schwert«, dozierte er. »Für siebzig Euro, weil sie schenkt einem immer die teuersten Sachen. Und von Berti das *Ready-for-Battle*-Arm-und-Beinschützerset für 34 Euro. Vielleicht auch noch die Epic-Effekt-Elfenohren. Die kosten schließlich nur fünf Euro das Stück.«

»Man kann sich auch nur ein Ohr kaufen?«, fragte mein Vater, der wie immer auf der Wohnzimmercouch lag, mit Blick auf den Drei-Meter-Baum.

»Warum denn nicht?«, antwortete Leo, »dann wünscht man sich eben zum Geburtstag das zweite Ohr!«

Mein Vater sah ihn ernst an. »Das bringt Unglück!«, flüsterte er. »Wenn du nur ein Elfenohr aufsetzt, wird dieses Ohr länger und länger. Das andere wird kürzer und kürzer. Bis das eine Ohr dir über die Schulter hängt, bis zum Fußboden. Und das andere wird klein wie ein Knopf und verschwindet schließlich in deinem Kopf!«

Immer leiser und eindringlicher sprach Opa Herbert, immer ängstlicher und aufmerksamer lauschte Leo. Mein Vater war erfolgreich geworden mit plattdeutschen Satiren und Hörspielen, aber er hätte auch einen fantastischen Gruselgeschichtenschreiber abgegeben. In *Ihr Flüchtlinge kommet!* erzählt er den vier afghanischen Mädchen jeden Abend das Märchen vom Räuberhauptmann, bis sie solche Albträume bekommen, dass sie das Weite suchen und zu uns ziehen. Bis zum Schluss erfährt man nicht, ob Opa Herbert – er heißt dort Opa Harry – sich für die weggeworfenen Topflappen rächen wollte oder einfach nur gerne das Märchen vom Räuberhauptmann erzählt. Wie oft habe ich es ihm übelgenommen, dass er meinen Kindern immer wieder die Szene ausmalte, wie der Räuberhauptmann seinem jüngsten Opfer den Finger abhackt, der in hohem Bogen hinter den Kessel fliegt, hinter dem sich die Hauptfigur versteckt hält. Aber in diesem Moment ärgere ich mich vor allem über Lina, denn sie hat mir das Schlamassel hier eingebrockt.

Sie erinnern sich, dass wir ihr letztes Jahr zwei Meerschweinchen aus Holgers Gesamtschulzucht geschenkt haben, Max und Marina. Aber was soll ich sagen? Es dauerte nur drei Nächte, da stand Lina weinend vor unserer Schlafzimmertür.

»Die machen so komische Geräusche«, schluchzte sie. »Da kann ich nicht schlafen! Und wenn ich doch einschlafe, verwandeln sie sich in riesige Ratten und fressen mich auf – wie in der Geschichte, die Opa Herbert mir am ersten Weihnachtstag erzählt hat!«

Bei Lina konnten die beiden nicht bleiben. Leo jubelte. »Endlich Meerlis!«, jauchzte er. »Aber so mit dem leeren Käfig, das geht natürlich gar nicht. Das müssen wir schon etwas professioneller aufziehen!«

So fuhren wir am nächsten Freitagnachmittag zum *Nagerparadies Vorderzahn*, wo wir für die beiden noch Käfigmobiliar kauften: einen Heutunnel und eine Korkröhre, das Holzlaufrad *Speedy*, eine Weidenbrücke aus biegsamem Naturholz, eine Wassertränke, einen Keramiknapf und den Frucht-und-Gemüse-Halter *Trixie*. Leo ist ungekrönter König darin, Ausgaben zu generieren. Er sollte irgendwann Chef der SPD-Programmkommission werden.

Nur mit dem Dressieren wollte es nicht klappen. Sosehr er auch den Anweisungen aus dem Buch folgte, Jonny und Bunny, wie sie jetzt hießen, lagen faul im Stall und nagten an ihren Möhren, Leos Befehle überhörten sie höflich.

»Weil das eben keine dummen Dressieraffen sind«, triumphierte Lina, »sondern freie Wesen! Aus der südamerikanischen Prärie!«

»Gar nicht«, widersprach Leo. »Das war nur der Verführungseffekt.«

»Der *Vorführeffekt*«, lachte Lukas. »Verführung geht *etwas* anders.« Ich warf ihm einen tödlichen Blick zu. Auch wenn er schon sechzehn war, musste er jetzt keine unnötigen Aufklärungsstorys zum Besten geben.

Ohne Dressur ebbte Leos Interesse sehr schnell ab. Schon Ende Januar beschäftigte er sich nur noch mit seinen Pokémonkarten, die Wassertränke und *Trixie* waren fast immer leer. Im Februar fielen Jonny die Haare aus. »Das ist Tierquälerei«, protestierte Lukas. »Ich nehme die beiden!«

So wanderte der Käfig in sein Zimmer. Und die beiden in seinen Schoß, während er las, CDs hörte oder Hausaufgaben machte. Bis diese Pusteln auf seiner Haut auftauchten, an Händen, Gesicht und Rücken, überall. Tierhaarallergie, wie der Hautarzt diagnostizierte. »Das hat er von mir!«, stellte Eva fest. Womit klar war, wohin die beiden jetzt übersiedeln würden: in mein Arbeitszimmer. Anfang März stellte sich heraus, dass Jonny mitnichten kastriert war. Statt eines Käfigs brauchten wir nun ein Gehege. Und

in ihrer mitfühlenden Art schlug Eva vor, dass ich doch problemlos mit meinem Schreibtisch in den Keller ziehen könne.

»Äh, könnte nicht theoretisch die *Meerschweinchensippe* in den Keller?«, unternahm ich einen kurzen Aufstandsversuch. Eva blickte mich entsetzt an. »Das meinst du nicht ernst, oder? Du willst die armen Tiere in einen *lichtlosen Keller* sperren?«

»Und du willst mich in einen lichtlosen Keller sperren?«

Sie schüttelte mitleidig den Kopf. Es war entschieden. Ich durfte in den Keller ziehen, weil Lina sich Meerschweinchen zu Weihnachten gewünscht hatte. Dieses Trauma musste ich literarisch verarbeiten.

Nur durfte es in der Geschichte natürlich nicht vordergründig um diese Nager gehen. Zumal ich mit dieser Spezies mein Verlagstrauma schlechthin verbinde. Ich hatte einen wunderbar versponnenen Roman über einen alleinerziehenden Vater geschrieben, der sich unsterblich in seine neue Nachbarin verliebt, als der Verlag zu der Überzeugung gelangte, es müssten unbedingt zwei Meerschweinchen auf den Titel, weil neue Untersuchungen ergeben hätten, dass sich Bücher mit kleinen Haustieren auf dem Cover doppelt so gut verkauften wie Bücher ohne kleine Haustiere auf dem Titel – besonders Haustiere mit wuscheligem Fell. Ich wies darauf hin, dass in dem Buch keine Meerschweinchen vorkämen und die falsche Zielgruppe damit angesprochen werde – vergeblich. Der Verlag beharrte auf den Wuscheltieren, und am Ende, um nicht zum Gespött meiner Freun-

de und Kollegen zu werden, erschien der Roman mit Meerschweinchen auf dem Titel, aber ohne meinen Namen, sondern unter dem Pseudonym Lukas Leonhard (Lukas! Leo!). Ich machte keine Werbung für das Buch, der Verlag im Gegenzug auch nicht, und am Ende führten die verkaufsfördernden Meerschweinchen dazu, dass von dem Roman etwa drei Exemplare verkauft wurden, einschließlich Österreich und der Schweiz.

Meerschweinchen durften in der Geschichte also nicht vorkommen. Aber im Grunde ging es bei meinem Abstieg in den Keller ja auch nicht um Hausnager, sondern um das Abschieben von Verantwortung. Und da fiel mir ein, was meine alte Schulfreundin Barbara mit Aliyah erlebt hatte.

Barbara ist eine gute Seele, sie hilft, wo sie kann, und als die Flüchtlinge kamen, lieferte sie nicht ihre Altkleider bei einer Sammelstelle ab, nein, sie nahm Aliyah bei sich auf, ein siebzehnjähriges pakistanisches Mädchen, das von ihren Eltern an einen doppelt so alten Mann zwangsverheiratet worden war, der sie in einen Keller gesperrt und missbraucht hatte. Irgendwie war es ihr gelungen zu entkommen, die Familie des Ehemannes hatte Blutrache geschworen, sie war nach Deutschland geflohen und bei Barbara gelandet. Ich bin stolz auf Barbara. Wer hätte unsere Hilfe mehr verdient als die arme, zwangsverheiratete Aliyah? Schon nach kurzer Zeit allerdings tauchte Aliyahs Schwester Nargis vor der Wohnungstür auf, zur Freude von Aliyah und Barbara – ich gebe zu, ich wurde schon etwas stutzig. War sie auch

zwangsverheiratet worden? Oder sollte sie auf Aliyah aufpassen?

Nein, das musste sie nicht, denn bereits vier Wochen später lud Barbara mich zum großen Familienkaffeetrinken ein. Und ich traute meinen Augen nicht: Dort saßen Aliyah und Nargis (jetzt mit Kopftuch), die Mutter (auch mit Kopftuch), und Aliyahs Vater als Pascha in der Mitte – eben jener Mann, der seine Tochter an den doppelt so alten Lüstling zwangsverheiratet hatte. Würde als Nächstes auch noch der Ehemann plus Familie auftauchen? Und sich hier nach einem Haus mit Keller umsehen? Barbara schien die Unlogik nicht zu begreifen, stattdessen freute sie sich überschwänglich über die Familienzusammenführung.

Das ist es, dachte ich. Ich führe alles zusammen! In *Ihr Flüchtlinge kommet!* bringt Tante Hedi am Heiligabend ihr entzückendes afghanisches Flüchtlingspatenkind Samira mit. Sie selbst müsse nach dem Tod ihres Mannes ja nun ein halbes Jahr auf Kur, aber das Anwesen meiner Eltern in Neumünster, gebe es da nicht fünf leere Gästezimmer? Meine Eltern räuspern sich in der Geschichte. Sehen sich an. Und lächeln säuerlich.

Mit den Wochen kommen, wie bei Barbara, immer mehr Verwandte hinzu. Und eine Odyssee durch meine Großfamilie beginnt: Opa Herbert (also: Opa Harry) vergrault die Mädchen mit seinen Räuberhauptmanngeschichten, Pfarrer Herbert duldet die Beleidigung seiner fetten Tochter nicht, weil er Cousin Memet bei seinen Seelsorgebemühungen in der

Herbert(!)*straße* begegnet ist, und Tante Magnolia zerstreitet sich mit Vater Walid über Israel, Schwule und schwule Israelis. Am Ende landet die mittlerweile sechzehnköpfige Großfamilie bei uns, wir ziehen in mein lichtloses Arbeitszimmer im Keller, während oben im Haus der Zentralrat der Afghanen in Eimsbüttel gegründet wird. Das ist natürlich etwas zugespitzt, aber im Großen und Ganzen wäre es wohl so abgelaufen, hätte Tante Hedi zu Weihnachten ein Flüchtlingspatenkind mitgebracht.

»Ich höre grad von Birte«, sagt Lukas, der reingeschlendert kommt, »du hast wieder 'ne neue Geschichte über unsern Schwachmatenverein geschrieben? Wie geil ist das denn?! Kann ich schon mal lesen?«

Ich schlucke. Wieso weiß Birte davon? Wenn jemand meine Geschichte hassen wird, dann Birte. Meine Schwester ist eine klassische akademische Linke, als poststrukturalistisch-feministische Genderforscherin hält sie jede Form von Grenzen für postfaschistisch. In der Geschichte habe ich sie aus Kentucky nach Hamburg-Eppendorf verfrachtet, wo sie von der Sorge getrieben wird, ich könnte sie bitten, die sechzehn Schutzsuchenden vorübergehend in ihrer Sechs-Zimmer-Altbauwohnung aufzunehmen, die sie als gut verdienender Single alleine bewohnt. Lieber geht sie – in der Geschichte! – für drei Jahre an die *King Abdullah University* in Saudi-Arabien (sie heißt wirklich so!), wo sie einen neuen Sonderforschungsbereich leitet über die *Diskriminierung verschleierter Muslima in der nordamerikanischen Belletristik des 21. Jahrhunderts*. Wie gesagt, das

habe ich mir alles nur ausgedacht. In Wirklichkeit unterrichtet sie orientalische Gender Studies in Lexington. Worüber sollte sie sich aufregen?

»Das war in der *Stuttgarter Zeitung*, die schicken mir frühestens in zwei Wochen das Belegexemplar zu«, lasse ich Lukas abblitzen.

»Aber Tante Magnolia meint, sie hat zwölf Ausgaben mitgebracht. Gib mir doch mal eine.«

Ich zögere nur eine Sekunde, dann habe ich meine Fassung wiedergewonnen. »Siehst du nicht, was hier alles zu tun ist? Dafür haben wir im Moment keine Zeit!«

Hat mein Blick gerade in Panik geflackert? Lukas scheint es nicht bemerkt zu haben, er grinst entspannt.

»Chill! Was soll zu tun sein? Omi hat doch wie immer alles perfekt vorbereitet!«

In dem Moment klingelt es an der Haustür. Es ist Tante Hedi mit ihrem Dauersingle-Sohn Jeremias, der jedes Jahr ein bisschen trauriger und hoffnungsloser aussieht. Ich könnte Wetten darauf abschließen, dass er niemals die Familie gründen wird, nach der er sich so sehnt. Er sieht einfach aus wie die personifizierte Harmlosigkeit, genau das, was Frauen nicht wollen. Das Schlimme ist, dass man da von außen nichts machen kann. Ich liebe Kinder; über so ein Schicksal würde ich schon aus Pietätsgründen niemals eine Geschichte schreiben.

»Wann kommt denn nun endlich die Bescherung?«, ruft Leo. »Es sind doch alle da. Bescherung! Bescherung!«

Genau: Bescherung! Großartig. Alle sind abgelenkt. Für Stunden. Auch beim nachfolgenden Vier-Gänge-Menü mit Truthahn, vegetarischen Hotdogs für Eva, Leo und mich sowie veganem Seitan-Steak für Lina scheint meine Geschichte vergessen. Doch am Ende des Abends, so will es das Ritual, zündet meine Mutter die zweite Riege Bienenwachskerzen an und fordert uns auf, uns noch mal »ganz gemütlich« um den Baum herum zu lagern. Merkwürdig: Das ganze Tamtam mit Geschenken und Mehrgängemenü macht sie eigentlich nur, damit wir mal einen Moment Ruhe haben. Aber diese Ruhe tritt irgendwie nie ein.

»Jetzt fällt's mir wieder ein«, ruft Tante Magnolia. »Sören hat doch diese Weihnachtsgeschichte in der *Stuttgarter Zeitung* veröffentlicht, die wollte er vorlesen! Und jetzt sitzen wir alle zusammen!«

»Klingt interessant«, sagt Tante Hedi. »Was denn für eine Geschichte?«

»Wieder so was … Humoristisches?«, fragt meine Schwester. Sie liest nichts unter Thomas Pynchon und Paul Auster. Vermutlich schämt sie sich vor ihren akademischen Kollegen, dass ihr kleiner Bruder immer nur diesen flachen Mist schreibt – und dann noch mit Erfolg.

»Geschichte! Geschichte!«, ruft Leo.

»Wollen wir nicht lieber die Weihnachtsgeschichte aus dem Lukasevangelium vorlesen?«, schlage ich vor. »Das ist doch viel feierlicher. Und passt besser zu den Kerzen.«

»Ach was«, wischt Tante Magnolia meinen Vorschlag beiseite, »wir sind doch alles Atheisten – bis

auf Helmut natürlich! Nein, *deine* Geschichte wollen wir hören. Hol doch mal die Zeitung!«

Soll ich jetzt ernsthaft ins Gästezimmer nach oben und so tun, als suchte ich nach den Zeitungsseiten, die ich bereits vernichtet habe? Nein, ich lüge zu schlecht. Also bleibe ich sitzen.

»Was ist?«, fragt Tante Magnolia nach. »Worauf wartest du?«

Ich stelle mir vor, wie Leo immer dazwischenfragen wird: »Was ist Zwangsheirat, Papa? Und was ist Heorin?« – »Es heißt Heroin, mein Spatzl.« Am Ende stellt sich nämlich raus, dass die Großfamilie von Aliyah einer der größten Heroinexporteure am westlichen Hindukusch ist.

»Wir könnten ja auch beides hören«, meldet sich nun Helmut mit seiner pastoralen Dröhnstimme, während er seiner fetten Tochter Lucy über den Kopf tätschelt, »das Lukasevangelium und deine humorvolle Kurzgeschichte.« Wenn ein Religionslehrer das Wort *humorvoll* benutzt, weiß man schon, dass ihm jeder Sinn für Komik abgeht. Nun, bei Helmut wusste man das schon vorher. Erst das Lukasevangelium, dann Schlafmohnexport – passte fantastisch! Ich bräuchte jetzt eine Inspiration, eine rettende Idee, einen Vulkanausbruch oder ein Erdbeben. Oder einen Alien-Angriff. Aber so ist das manchmal bei Schriftstellern – mir fällt absolut nichts ein.

»Papa, nimm's mir bitte nicht übel, aber wisst ihr, was ich viel geiler fände?«, krächzt Lukas in die Stille hinein. Sein Timbre zeigt an, dass er auf dem

Weg vom Kindersopran zum Erwachsenen-Bass ist und Barry-White-Niveau anstrebt. »Wenn wir mal alle zusammen Weihnachtslieder singen würden! Ich meine, das ist doch nun mal echt das Weihnachtlichste an Weihnachten.«

Ich traue meinen Ohren nicht. Lukas, der keinen Ton halten kann, obwohl ich ihm in seinen ersten drei Jahren jeden Tag ein ganzes Liederbuch vorgesungen habe, Lukas, der sich immer geweigert hat, vor der Bescherung auch nur ein einziges Weihnachtslied mitzusingen, Lukas will, dass wir jetzt alle zusammen singen?

»Ja, singen! Wie schön!«, ruft Lina.

»Der Junge hat sich sehr gut entwickelt«, bemerkt Onkel Helmut.

»Ein toller Vorschlag«, überlegt Eva, »aber ich fürchte, ich kann höchstens die erste Strophe von *O Tannebaum* auswendig.«

»Notfalls summen wir eben«, sagt Dr. Berti. »Ich finde Lukas' Idee sehr gut.«

Wir erschrecken. Dr. Berti sagt sonst nie etwas.

»Null problemo«, meint Lukas. »Ich hab für alle die Texte kopiert!« Damit zaubert er unter seinem Stuhl einen ganzen Packen Kopien hervor und reicht jedem von uns einen eigenen Stapel. Ich bin perplex. Wann hat er die Kopien gemacht? Bei uns zu Hause bestimmt nicht.

»Ich will lieber Papas Geschichte hören!«, schmollt Leo.

»Jetzt singen wir erst mal«, sagt Lukas mit seiner unnachahmlichen Stimmbruchstimme. Meine Mut-

ter strahlt. Lina strahlt. Und ich erst. Ich bin gerettet. Denn nach dem Singen haben alle meine Geschichte vergessen und es ist schon viel zu spät und wir müssen schnell aufbrechen, um die Kinder ins Bett zu bringen, und schließlich müssen wir noch von Neumünster nach Hamburg zurückfahren.

Nachts steht Lukas auf dem Balkon und raucht eine, ich stelle mich dazu. Meine Güte, denke ich. Er ist inzwischen einen halben Kopf größer als ich. Der Größte in der Familie.

»Sag mal, seit wann stehst du auf *Weihnachtslieder?*«, frage ich.

Er zieht an seiner Gauloises Blondes. »Papa, mit deiner Geschichte, die war echt lustig, aber das wär so was von gar nicht gegangen.«

»Äh, wie ... wo hast du die denn gelesen?«

»Die ist doch längst online. Ich mein, allein dass Matze eine Nordpolumrundung auf dem Schneepflug macht, nur um den afghanischen Heroinclan nicht beherbergen zu müssen ...«

»Das war nicht Matze, sondern Michi. Matze würde als Jürgen-Drews-Imitator auf der *AIDA Family* anhcucrn.«

Eva kommt dazu. »Ich hab's grad aufm *iPad* gelesen.« Sie seufzt.

»Also wenigstens das mit Onkel Helmut hättest du dir sparen können.«

»Aber er heißt doch gar nicht Helmut in der Geschichte, sondern Herbert. Und ich habe ihn von Landau nach Itzehoe umgesiedelt und einen Pfarrer aus ihm gemacht.«

»Und tatsächlich ist er Religionslehrer«, stöhnt Eva. »Das ist ja ein Riesenunterschied.«

»Ohne die Religion hätte die Pointe nun mal nicht funktioniert!«

Eva sieht mich an. Dann küsst sie mich auf den Mund. »Ich liebe dich, du kleiner Satan. Aber eins musst du mir versprechen.«

»Was denn?«

»Dass du wenigstens über diese Beinah-Katastrophe nicht wieder 'ne Geschichte schreibst.«

Ich lächele sie mit meinen kristallklaren, blauen Augen an.

»Darüber 'ne Geschichte schreiben? Damit wir nie wieder eingeladen werden? Auf keinen Fall!«

Das Überraschungspaket

Wie um Himmels willen bring ich das bloß meiner Mutter bei?

»Sören, wir müssen über Weihnachten reden«, bat Eva mich am ersten Advent.

»Was gibt's da zu reden?«, fragte ich. Der Ablauf der Feiertage ist bei uns seit Jahren geklärt. Heiligabend sind wir gemütlich bei uns und gehen nicht ans Telefon. Lukas bekommt Tommy-Hilfiger-Shirts und die neue *Kollegah*-CD, Lina etwas zum Basteln und das letzte Buch von Philip Ardagh (*Familie Grunz auf der Flucht*) und Leo ein Lego-Star-Wars-Raumschiff (diesmal: *The Arrowhead*). Am ersten Weihnachtstag besuchen wir meine Eltern in ihrem Zehn-Zimmer-Haus in Neumünster. Mein Bruder Matze kommt aus Tötensen, meine Schwester Birte mit ihrer Frau Kathleen aus den USA und Tante Hedi mit ihrem

Dauersingle-Sohn Jeremias aus Norderstedt. Es gibt eine Drei-Meter-Tanne mit 86 Kerzen, viel zu viele Heidesandkekse, eine sehr lange Bescherung und ab 17 Uhr keinen Sauerstoff mehr. Wir spielen das Quempasheft auf der Blockflöte durch, denn ich stamme aus einer Blockflötendynastie: Großvater Blockflötenlehrer, Mutter Blockflötenlehrerin, und ich komponiere neben meiner Tätigkeit als Schriftsteller afrikanisch inspirierte Werke für Blockflötistinnen zwischen Kalifornien und Tokyo. Alle Kinder wollen bei Kathleen sitzen, und nachher schlägt mein Vater Lukas in *Stratego* und schimpft über die SPD. Seine Position ist etwas verzwickt: Der Seeheimer Kreis besteht für ihn aus neoliberalen Arbeiterverrätern, die Linken sind Stasi-Agenten, die Grünen mülltrennende Luxusproblemkultivierer und alle übrigen Handlanger der Deutschen Bank.

Am besten aber ist der zweite Weihnachtstag: Leo baut die Kampfflugzeuge auf, Lukas spielt Ego-Shooter auf der X-Box, Lina bastelt, und ich lese *Die Pilgerjahre des farblosen Herrn Tazaki*, telefoniere aber tatsächlich mit allen Freunden, bei denen ich mich ein Jahr lang nicht gemeldet habe. Und genau so muss es auch sein.

»Weißt du«, begann Eva mit diesem sanften Ton, der mich immer misstrauisch macht, weil sie hauptberuflich Borderline-Patienten beibringt, ihre Interessen durchzusetzen, ohne dem anderen beide Ohren abzubeißen, »wir waren all die Jahre immer bei deinen Eltern. Ich möchte, dass wir dieses Jahr mal zu meinen Eltern fahren, nach St. Ingbert. Meine Schwestern und ihre Familien sind auch da.«

»Wie soll das gehen?«, fragte ich. Für die wenigen, die es nicht wissen: St. Ingbert liegt im Saarland. Das ist praktisch ein Teil von Frankreich, und von Hamburg ist es gefühlt weiter weg als Moskau. Die Menschen essen Dibbelabbes, glauben an Oskar Lafontaine und sprechen einen Dialekt, der zwischen Sächsisch und Pfälzisch liegt und den man deutlich schlechter versteht als Französisch. Mit dem Zug schafft man es in knapp sieben Stunden, aber nur, sofern man die drei Umsteiger in Kassel, Mannheim und Homburg kriegt, was um Weihnachten herum äußerst unwahrscheinlich ist, da die Bahn dann meist vom Winter überrascht wird.

»Aber am zweiten Weihnachtstag baut Leo immer seine Lego-Raumschiffe auf!«, sagte ich. »Ich lese die *Pilgerjahre des farblosen Herrn Tazaki*, und Lukas …«

Eva legte den Kopf schief. »Wir müssen am ersten Feiertag hinfahren, ganz frühmorgens. Oder schon am 23. Sonst lohnt es sich nicht. Nach St. Ingbert fährt man doch über sieben Stunden. Meistens über acht.«

Mir brach der Schweiß aus. »Machst du Witze? Und wann fahren wir dann bitte zu meinen Eltern?«

Eva seufzte und wischte sich eine blonde Strähne aus dem Gesicht. »Wenn wir wiederkommen. Vielleicht am 28.? Da kann man auch noch schön feiern!«

Auch noch schön feiern. Mir wurde übel. Das war die GAF, die größte anzunehmende Familienkatastrophe. Die galt es mit extrem sanfter Stimme zu verhindern.

»Eva, wie soll ich es sagen? Meine Mutter hat nur drei Lebensziele: ein schönes Weihnachtsfest, ein besinnliches Weihnachtsfest und ein festliches Weihnachtsfest. Mit der gesamten Familie. Vor allem mit ihren drei Enkeln, ihren einzigen Enkeln, den Säulen ihres Lebens, den Pfeilern ihrer Seligkeit, den Heiligen Drei Königen ihrer Heiligen Krippe in der Heiligen Nacht. Du erinnerst dich, wie sie reagierte, als ich ihr mal gesagt habe, wir würden nicht Heiligabend kommen, dafür am ersten Weihnachtstag?«

Ich erinnerte mich jedenfalls genau. Wir telefonierten und ich stand am Küchentisch und blickte in den Innenhof. Erst hatte meine Mutter geschwiegen, ungefähr fünf Sekunden, was sich am Telefon etwa so lang anfühlte wie eine Grundsatzrede von Frank-Walter Steinmeier. »Dann kann ich mich ja gleich aufhängen!«, bemerkte sie dann.

»Deswegen haben wir das ja jetzt auch fünfzehn Jahre so gemacht«, erwiderte Eva und lächelte mich an wie bei unserem ersten Date. »Aber jetzt möchte ich *ein*mal zu *meinen* Eltern.«

So macht man das: Perspektive des andern bestätigen, ihn als Person wertschätzen, dann erst die eigene Forderung raushauen, freundlich, ruhig, unmissverständlich. Wirkt besser als ein schwarzer Gürtel in Kung-Fu.

Ich atmete ein. Und wieder aus. »Eva. Die haben nicht mal Bienenwachskerzen. Die haben eine elektrische Lichterkette von OBI! Und vermutlich eine Plastiktanne. Und statt Heidesand Dibbelabbes. Die machen sich doch überhaupt nichts aus Weihnach-

ten! Wahrscheinlich läuft Heiligabend nicht Corelli, sondern Andrea Berg!«

»Ich möchte dahin!« Eva lächelte nicht nur unbeirrt. Jetzt strich sie sogar über meinen Kopf. »Es sind meine *Eltern*, verstehst du? Eigentlich wäre es gerecht, wenn wir die nächsten siebzehn Jahre dort feiern würden.«

Siebzehn Jahre Dibbelabbes und Andrea Berg. Nicht nur meine Mutter würde sich aufhängen. Ich mich auch. Mein Blutdruck näherte sich der 200er-Marke.

Verhandeln. Angebote machen.

»Eva, pass auf: Ich schenke dir ein *iPad*. Ich fahre mit dir nach Amrum. Ich gucke mit dir eine dieser Arztserien, *Bettys Diagnose* oder der *Bergdoktor* oder *Doktor Klein* ... nein, alle drei! Von jetzt an liebe ich Arztserien!«

Eva lächelte nur ganz milde, fast schon steinmeierartig. Offenbar wollte sie wirklich nach St. Ingbert und am ersten Weihnachtstag über die Sorgerechtsprobleme von Brad Pitt diskutieren. Die einzigen Periodika, die ihre Mutter regelmäßig studierte, waren *Gala* und *Bunte*.

»Eva ...« Falls ich überhaupt Argumente gehabt hatte, gingen sie mir langsam aus. »Lass uns wenigstens erst die Kinder fragen!«

Wir fragten die Kinder beim Kaffeetrinken. Sie waren auch dafür. »Ist doch gechillt«, bemerkte Lukas mit einer zwischen Hans Hartz und Tom Waits changierenden Heiserkeit. Er roch nach Rauch, obwohl wir ihm das Rauchen streng verboten hatten.

Taktisch wäre es unklug gewesen, ihn jetzt darauf anzusprechen. »Einmal Weihnachten ohne *Stratego*.« Verständlich, dass er sich mit siebzehn ungern von seinem Opa schlagen ließ.

»Und ohne Heidesand«, stöhnte Lina. »Davon war mir letztes Jahr so schlecht!«

»Ohne Blockflöten!«, fiel Leo ein. Leider sah es nicht so aus, als würde auch nur eines der Kinder die Blockflötendynastie fortsetzen. Schon eine Stunde Üben am Tag war ihnen zu viel. Eigentlich litt diese gesamte Generation an ADS. Aber der Gedanke führte jetzt in die falsche Richtung. Nur ruhig bleiben, nur nicht aggressiv werden.

»Leute, ich liebe es doch auch, in St. Ingbert zu sein. Total! Aber am ersten Weihnachtstag – da bleibt die Bahn immer im Schnee stecken! Und dann sitzen wir zwischen Großburgwedel und Bad Salzuflen, Personen im Gleisbett oder zwischen den Bremsscheiben, an Weihnachten gibt es schließlich die meisten Selbst- oder vielmehr Frei-, also ...«

Eva stieß mich mit dem Ellbogen in die Seite. Leo spielte zwar täglich Luftschlachten mit Lego-Hightech-Starfightern, bekam von realen Todesfällen aber wochenlang Albträume.

»Dann fahren wir eben schon am 23.«, schlug Lukas vor. »Stellt euch mal vor: Heiligabend flippern!«

Opa Willi besaß tatsächlich einen Flipperautomaten, im Partykeller, denn er hatte sein Berufsleben mit der Reparatur von Glücksspielautomaten und Flippern im westlichen Saarland verbracht. »Und

Canasta spielen!«, begeisterte sich Leo. Sobald Opa Willi und Omi Christa fünf Minuten an einem Tisch saßen, fingen sie an, Canasta zu spielen. Das war ein Naturgesetz.

»Sehr weihnachtlich«, sagte ich bitter. »Canasta statt Blockflöte. Opa Willi trinkt *Zischke Kellerbier*. Und nebenbei läuft der Fernseher mit *Weihnachten bei uns im Saarland*!«

Lina sah mich mit ihren weichen braunen Haselmaus-Augen an. »Papa!«, sagte sie. »Es ist total schön in Neumünster. Die Tanne, die Kerzen, die Krippe und so. Aber es ist doch echt fair, wenn wir jetzt *ein*mal nach St. Ingbert fahren, oder?«

Ich gab auf. Vier zu eins. So schön kann Demokratie sein. Nur irgendwie musste ich das jetzt meiner Mutter beibringen. Ich wusste ja, dass sie schon Ende Juli mit dem Stricken der Geschenksocken begonnen hatte, dass sie eben von einem Wochenende im Erzgebirge zurückgekehrt war, mit frisch geschnitzten Christbaumfiguren, und dass sie nun Tag und Nacht Heidesand buk.

Erst mal schob ich es eine Woche vor mir her. Auch eine goldene Regel der Verhaltenstherapie: abwarten. Neunzig Prozent der Probleme lösen sich von allein. Dieses allerdings nicht. Im Gegenteil. Eva hatte bereits ein Monatsgehalt für die Bahnkarten ausgegeben; für den Supersparpreis hätte man Anfang Oktober buchen müssen. Lina hatte begonnen, einen Dibbelabbeskalender für Omi Christa zu basteln, zwölf Dibbelabbesrezepte, für jeden Monat eines. Dibbelabbes mit Dörrfleisch und Knoblauch, Dibbe-

labbes mit Räucherspeck und rohen Zwiebeln, Dibbelabbes mit Mettwurst und Lauch. Mir wurde schon beim Betrachten der Zutaten schlecht. Vor allem aber angesichts des bevorstehenden Anrufs. Nachdem ich in der Nacht vor dem zweiten Advent stundenlang wachgelegen und mir Formulierungen zurechtgelegt hatte (*Fairness – auch mal – nach siebzehn Jahren – total gegen meinen Willen*), rief ich Sonntagmorgen endlich an. Mein Vater war am Apparat.

»Steinmeier als Bundespräsident«, schimpfte er los. »Was soll das? Wir haben eine linke Mehrheit! Ströbele muss Präsident werden, der Einzige, der noch nicht von der Großindustrie gekauft ist! Stattdessen fünf Jahre diese Silbermütze auf Valium! Weißt du noch die Wahlplakate, wo er mit Pflegeheiminsassen zusammensaß? Er war kaum von ihnen zu unterscheiden!«

Ich bat ihn, mir meine Mutter zu geben. »Die hat zu tun. Und jetzt gegen Putin hetzen! Die Krim war achthundert Jahre russisch! Unsere Regierung hat Alzheimer!«

Es war nicht zu verkennen, dass er abwechselnd den *Spiegel*, den *Holsteinischen Courier* und die deutsche Ausgabe von *Russia Today* las. Nach einer halben Stunde gelang es mir, meine Mutter ans Telefon zu kriegen.

»Hier ist unheimlich viel vorzubereiten«, wimmelte sie mich ab. »Ich backe Tag und Nacht Heidesand.«

»Wie schön, da freut Lina sich!«, versuchte ich, gute Stimmung zu machen. »Du, Mutti«, ich spür-

te einen ausgewachsenen naturgeschützten Ochsenfrosch im Hals, redete aber todesmutig weiter. »Es gibt da noch eine ganz kleine Sache, die wir besprechen müssen.«

»Unbedingt, Hasilein, was soll ich bloß Lukas schenken? Also, diese teuren Markenklamotten, das ist doch Geldverschwendung. Wir haben die Sachen für euch immer so günstig im Importshop gekauft. Und ich hab mir mal ein Video von diesem *Kollegah* angeguckt, also, bei aller Liebe, ist das nicht gewaltverherrlichend? Ich werde mal an Heiko Maas schreiben, ob er das nicht verbieten kann. Das ist so ein lieber Mann.«

»Ja, genau, man müsste den gesamten Hip-Hop verbieten«, sekundierte ich. »Wegen Sexismus, wenn du ihm das schreiben magst. Aber mal was ganz anderes, Mutti, wegen des ersten Weihnachtstages …«

»Ja, das ist so unglaublich viel Stress, das kannst du dir gar nicht vorstellen. Lass uns die Tage mal telefonieren, ich geb dir mal Herbert.«

»Aber das Beste ist doch«, sprudelte mein Vater übergangslos, »dass dieser Gabriel, dieser Harzer Roller, dass der den Außenminister spielt.« Er hustete vor Zorn. »Der ehemalige *Popbeauftragte* der SPD. Das soll der Nachfolger von August Bebel und Willy Brandt sein? Der ist so glaubwürdig wie ein albanischer Gebrauchtwagenhändler. Mit dem kommt die Kopftuchpflicht im Kindergarten!«

Schade, dass er nicht Redenschreiber geworden ist, dann würde ich mir die eine oder andere Bundestagsdebatte auf *Phoenix* ansehen. Selbst wenn ich ihm

die Hiobsbotschaft überbracht hätte, dass wir erst am 28. kommen würden, er hätte sie in seiner Daueraufregung überhört oder gleich wieder vergessen. Nach einem knapp einstündigen Vortrag über die Katastrophen der Außenpolitik und die Ausweitung der Leiharbeit bei Siemens legte ich erschöpft auf.

Eva kam, umarmte mich und fragte, wie meine Mutter es aufgenommen habe, wohl nicht so einfach? So lange, wie wir geredet hätten.

»Ach, eigentlich ganz gut.« Meine Güte, kam ich mir feige vor. »Also, genau genommen bin ich noch nicht direkt dazu gekommen.«

Eva war außer sich. Ich müsse wieder anrufen. Aber sofort! Jetzt! Mir wurde schwindelig. Sie hatte ja recht. Es würde der entsetzlichste Moment im Leben meiner Mutter werden, aber Hinausschieben machte alles nur schlimmer. Sollte ich meiner Mutter vielleicht einen Brief schreiben? Nein, das wäre Feigheit vor dem Feind. Beziehungsweise vor der Familie. Aber ist Feigheit vielleicht *immer* Feigheit vor der Familie? Die Verhaltenstherapie lehrt, dass man einen Brief schreiben soll, jedoch nur, um ihn dem anderen von Angesicht zu Angesicht *vorzulesen*. Tolle Idee.

Drei Tage später unternahm ich den nächsten Versuch. Niemand da. Ich sprach auf den Anrufbeantworter und bat um Rückruf, so auch am folgenden Tag. Ergebnislos. Meine Mutter befand sich im Dezember in einer Art Tunnel. Nur wusste sie nicht, dass in diesem Jahr am Ende des Tunnels kein lichtvolles Blockflöten mit Leo wartete, sondern ein *Abgrund von Sohnesverrat*. Mir klang schon ihre trau-

matisierte Stimme im Ohr: »Nachfeiern, ja? Am 28.? Warum nicht im Mai? Oder zusammen mit deinem Geburtstag? Oder mit allen Geburtstagen – dann müsst ihr nur noch einmal im Jahr kommen! Ist ja auch so weit nach Neumünster – verglichen mit St. Ingbert!«

Am Freitagmorgen erreichte ich meinen Vater. »Deine Mutter wirbelt von morgens bis abends«, berichtete er. »Gerade ist sie in der Stadt. Ich mache mir Sorgen um ihr Herz. Was sagst du zu Trump? Das ist doch nicht zu fassen! Jetzt leugnet er schon wieder den Klimawandel. *Das nennt man Wetter,* hat er gesagt! Wenn ich den nur sehe, wie der statt Frisur diese tote Katze auf dem Kopf trägt!«

»Pappi, es ist dringend, wann ist Mutti mal zu sprechen?«

»Nach Weihnachten. Und so jemanden wählen die Amis sich zum Präsidenten! Diese übergewichtigen Möchtegerncowboys! Wir brauchen eine Amtsenthebung, sofort!«

»Kann ich vorher noch mit Mutti sprechen?«

»Der hält Jesiden für Anhänger von Jesus! Und Kasachstan für ein Hackfleischgericht! Aber wir haben ja noch gar nicht über dein Anliegen geredet. Ja, dieser Brexit, also, wenn du mich fragst …«

Am dritten Advent bekam ich meine Mutter an den Hörer.

»Was meinst du«, fragte sie, »für Lina ein Aquarellset? Und für Leo das *Rebel Trooper Battle Pack*? Nur mit Lukas weiß ich nicht. Ich hab mir jetzt Videos von diesem *Farid Bang* angeguckt, dem Freund

von *Kollegah,* das gefällt mir noch weniger. Bekommt Heiko Maas das wirklich alles nicht mit? Wieso wird das nicht verboten?«

»Ich setze mich an höchster Stelle dafür ein«, versprach ich. »Aber vorher müssen wir dringend etwas besprechen, es ist wichtig.«

»Auf jeden Fall, Hasilein«, würgte sie mich ab. »Aber du hörst den Küchenwecker? Die Kekse verbrennen, und deine Tante Hedi wartet auf meinen Rückruf, ich geb dir Herbert.«

»Hast du gehört?«, begrüßte er mich noch düsterer als sonst. »Putin hat unsere Wahl entschieden! Alles manipuliert!«

Offenbar hatte er in letzter Zeit wieder mehr *Spiegel* als *Russia Today* gelesen.

»Putin kann alle westlichen Politiker mit Sexvideos erpressen!«

Ich erwiderte nichts. Schließlich wollte ich, dass er das Weihnachtsfest noch erlebte.

Eine Woche vor Weihnachten zog Eva mich beiseite. »Sören, das geht so nicht weiter. Du musst mit deiner Mutter sprechen. Die kriegt sonst 'n Herzinfarkt.«

»Den kriegt sie sowieso«, sagte ich. »Und mein Vater einen Schlaganfall gleich hinterher. Und die ganze Schnapsidee mit Dibbelabbes-Weihnachten in St. Ingbert stammt von *dir*!«

Eva fixierte mich mit zusammengekniffenen Augen. »Wie kannst du das nur so verschleppen?«

»Ich verschleppe nichts! Sie hat einfach nie Zeit zu telefonieren!«

Vierter Advent. Geschlafen hatte ich kaum noch; stattdessen hatte ich einen fleckigen Ausschlag am Rücken und juckende Warzen zwischen den Fingern. Die letzten Tage hatte ich stündlich angerufen. Ohne Erfolg. Jetzt musste es klappen. Ich verzog mich mit dem Familientelefon ins Arbeitszimmer, da klingelte es. Opa Willi aus St. Ingbert.

»Sören«, rief er so überschwänglich, als hätte ich ihm damals die Flucht aus Sachsen ermöglicht, »du wirst es nicht glauben: Christa und ich sind seit vierzig Jahren in diesem Kegelverein. Und zum allererstem Mal haben wir das Adventskegeln gewonnen! Alle neune!«

»Fantastisch!«, antwortete ich. »Das musst du mir unbedingt in allen Einzelheiten zu Weihnachten erzählen, nur jetzt gerade muss ich ganz dringend telefonieren …«

»Nee, wart doch mal.« Willi räusperte sich, und dann räusperte er sich noch mal. »Also da legen immer alle zusammen für den Gewinner. Und die haben Christa und mir eine Woche Antalya geschenkt! Gab's im Sonderangebot bei Lidl …«

»Das ist ja noch toller! Ich muss jetzt nur schnell dringend meine Mutter anrufen, erzählst du es mir noch mal ganz ausführlich am Heiligen Abend, ja?«

Willis Räuspern ging in einen Hustenanfall über. Offenbar hatte er sich beim Outdoor-Kegeln eine Bronchitis geholt.

»Sören, das ist es ja. Wir fliegen morgen früh! Wir haben uns gedacht, das ist vielleicht nicht so schlimm. Weil, wir machen uns ja eh nichts aus

Weihnachten, dieser ganze Klimbim mit Christkind und so. Und deine Mutter freut sich doch bestimmt, wenn ihr wieder dort feiert, die liebt Weihnachten doch so. Grüß sie mal schön. Und bring es Eva schonend bei, ja?«

Aufgelegt. Morgen früh. Ich konnte mein Glück kaum fassen. Was für eine Verkettung unglaublicher Zufälle: Weihnachtskegeln – Lidl – Antalya! Ein aufstrebender Discounter hatte mir das Leben gerettet. Ich würde nicht enterbt werden, jedenfalls nicht in diesem Jahr. Was für ein Glück, dass ich meine Mutter noch nicht erreicht hatte! Morgen würde ich sie anrufen und fragen, wann wir Birte und Kathleen vom Flughafen Fuhlsbüttel abholen sollten. Als ich es Eva erzählte, lachte sie nur schallend. Aber ich musste ihr versprechen, dass wir nächstes Jahr garantiert in St. Ingbert feiern würden, mit Dibbelabbes und Andrea Berg und Goldlametta und elektrischen Kerzen und Canasta unter der Plastiktanne, und dass ich es meiner Mutter dieses Jahr noch sagen würde. Ich versprach alles. Es war sogar noch zeitig genug, die Bahnkarten zu stornieren.

Die Kinder waren ungefähr eine Minute lang enttäuscht, dann begannen sie umgehend die praktischen Diskussionen: Wie Leo ums Blockflöten und Lukas ums *Stratego* herumkäme und Lina um den Heidesand. Wer bei der Bescherung als Erster auspacken dürfe. Und vor allem, wer neben Lieblingstante Kathleen sitzen durfte, auf die sich alle plötzlich wahnsinnig freuten.

Abends, schon im Bett, fragte mich Leo: »Papa?«

»Ja?«

»Wie heißen die Dinger aus Holz, die die Omi in Neumünster hat und die sich immer so schön drehen vom Kerzenlicht?«

»Weihnachtspyramiden«, sagte ich.

»Die mag ich so«, sagte Leo und kuschelte sich in sein Yedi-Yoda-Kissen. »Da gucke ich so gern rein. Wieso haben wir so was nicht?«

Dann brachte ich Lina ins Bett. »Schön, dass wir jetzt doch flöten und singen unterm Baum«, sagte sie mit ihrer leisen, hellen Stimme. »Das hätte mir gefehlt. Oma Christa und Opa Willi hören immer so schreckliche Musik. Wie halten die das bloß aus?« Ich sagte nichts.

Und dann kam das Paket. Gestern Morgen um halb acht. Alle schliefen noch. Ein Riesenpaket. Ich habe in meinem Leben noch kein so großes Paket gesehen. In dem Moment, als ich es sah, wusste ich schon alles. Wer es geschickt hatte und warum und wieso ich meine Mutter nie ans Telefon bekommen hatte. Ich öffnete vorsichtig. Und richtig, ganz oben auf den unzähligen, ohne Tesafilm verpackten Geschenken lag ein an mich adressierter Brief in einem roten Umschlag mit Goldsternchen drauf.

»Mein Hasilein«, schrieb sie, »du ahnst es ja schon, wenn du das Paket siehst: Wir sind dieses Weihnachten nicht da. Du weißt ja, wie lange Birte sich schon gewünscht hat, dass wir Weihnachten mal bei ihr und Kathleen in Kentucky verbringen. All die Jahre sind sie zu uns gekommen. Jetzt waren wir mal

dran. Ich weiß ja, wie gerne Leo mit mir flötet und wie gerne Lukas mit Herbert *Stratego* spielt und wie Lina den Heidesand liebt. Ich habe die gesamte Adventszeit über keinen Mut gefunden, es dir zu sagen. Aber ist das nicht eine Gelegenheit, spontan Evas Eltern im Saarland zu besuchen? Warum nicht mal Dibbelabbes unterm Weihnachtsbaum? Mit der Bahn ist man doch ganz schnell da unten. All die Jahre wart ihr bei uns, jetzt sind auch die mal dran, findest du nicht? Ich hatte immer ein ganz schlechtes Gewissen. Herbert regt sich so auf über Trump und Gabriel und Steinmeier. Schlimmer kann es eigentlich nur kommen, meint er, wenn dieser Mann mit den Triefaugen und den knallroten Lippen, dieser Schulz, dass der für Deutschland singt. Vielleicht gut, dass Herbert mal rauskommt und ein bisschen abgelenkt wird.

Wir kommen erst am 8. Januar wieder, deswegen lege ich die Geschenke für die Kinder bei. Für Leo das *Rebel Trooper Battle Pack*. Da freut er sich doch bestimmt. Für Lina ein Batik-Set und ganz viel Heidesand! Bei Lukas wusste ich nicht so recht. Ich hoffe, er kann mit dem Experimentierkasten Chemie was anfangen. Und dann habe ich ihm die neue CD von Reinhard Mey beigelegt. Dass er auch mal gute Musik kennenlernt und von diesem Rap wegkommt. Und für alle drei die bunten Wollsocken, wie jedes Jahr. Damit sie sich nicht erkälten. Sei ganz lieb gedrückt und geküsst von deinem Papa und deiner Mama! Und fröhliche Weihnachten!«

Ich habe den Brief zurückgelegt, das Paket sorgsam verschlossen und in den Heizungskeller gebracht.

Seitdem grübele ich. Wie um Himmels willen bringe
ich das bloß meinen Kindern bei?

Kryptofest

Alles begann mit Leo, meinem elfjährigen Sohn, und mit seinem Freund Kasimir, den er beim Kung-Fu kennengelernt hatte.

»Was ist das für ein verranzter Herd?«, fragte Kung-Fu-Kasimir, als er uns im September zum ersten Mal besuchte. »Habt ihr etwa keine Induktion? Was ist das?«

»Ein Gasherd«, antwortete ich kleinlaut. »Umweltschonend.«

»Oh, Gott. Und euer Wohnzimmer?«

Ich wies lahm auf die Tür.

»Das ist ja so klein wie ein Kinderzimmer! Wir ziehen im Dezember in ein Loft nach Ottensen. Allein mein Kinderzimmer ist größer als eure ganze Wohnung.« Er schüttelte verständnislos den Kopf. Die Schuppen rieselten auf sein rosa Hugo-Boss-Shirt und die 200-Euro-Sneakers von Nike.

»Was macht Kasimirs Vater eigentlich beruf-

lich?«, fragte ich Leo, als wir abends *Game of Thrones* guckten.

»Der hat Bitcoin.« Da hörte ich es zum ersten Mal: das Wort, das mein Leben verändern sollte. Und das meiner Familie.

»Ist das ein Beruf?«

»Wer Bitcoin hat, braucht keinen Beruf mehr«, stellte Leo klar. »Warum kaufst du das nicht mal? Dann könnten wir uns auch mal 'n Induktionsherd leisten. Und das *iPhone X plus*.«

Abends googelte ich. Bitcoin, Blockchain, Kryptogeld. Ich verstand kein Wort. Beim nächsten Kung-Fu-Turnier ging ich auf Kasimirs Vater zu. Olaf war mindestens 1,95 groß und musste schon seit fünfzehn Jahren mit der Langhantel trainieren, so sehr spannte sein Hemd.

»Hey, ich höre, ihr wohnt in dieser kleinen Hutzelbude mit 'nem Gasherd. Ich wusste gar nicht, dass es das überhaupt noch gibt! Ist das erlaubt?«

Er lachte. Für seine 1,95 war seine Stimme erstaunlich hell.

»Na ja, als Schriftsteller und Blockflötenkomponist verdient man jetzt nicht soo ...«

»Warum machst du nicht in Krypto? Ich hab da vor einem Jahr mein ganzes Geld reingesteckt. Hat sich verachtfacht, verzehnfacht, verzwanzigfacht. Im Dezember cashe ich aus und wir ziehen in ein Fünfhundert-Quadratmeter-Loft nach Ottensen.«

Verzwanzigfacht. Auscashen. Klang nach Bernie Madoff. Nach Jürgen Harksen. Nach diesen Finanzbetrügern.

»Und was ist das jetzt genau, dieser Kryptokram?«

Olaf lächelte und zeigte Zähne, die etwas zu klein waren und ihm ein nagerhaftes Aussehen verliehen. Dann lud er mich ins Bistro ein und erzählte. Vom staatlichen Papiergeld, das das größte Schwindelsystem aller Zeiten sei. Von den Zentralbanken, die Geld aus dem Nichts schüfen, jeden Tag, eine riesige Blase. »Früher oder später muss sie platzen. Wenn du mich fragst – eher früher!« Er zwinkerte und nippte an seinem *Beck's*.

»Und Bitcoin?«

Jetzt wurde der Vortrag etwas kompliziert. So viel verstand ich: Bitcoin war eine Währung, die nur im Internet existierte. Bei Starbucks oder Expedia konnte man schon damit bezahlen. Bitcoin konnte nicht gefälscht werden. Alle Transaktionen standen in einem Protokoll, das Computernerds in aller Welt zusammen schrieben. Bitcoin funktionierte ohne Bank, ohne Staat, ein Smartphone reichte. »Irgendwann ist das die Währung für alle, weltweit, und dann wird ein Bitcoin eine Million Euro wert sein. Also kauf lieber jetzt, Digger, jetzt kriegst du ihn noch für zweitausend.«

Olaf hatte früher Versicherungen verkauft, betrieb Krafttraining und benutzte das Wort »Digger«. Das machte mich misstrauisch. Wenn die große Geldrevolution bevorstand, warum hatte ich noch nie davon gehört? Ich las mich durch *Spiegel Online*, *Finanztest* und *faz.net*. Alle waren sich einig: Bitcoin und die anderen Digitalwährungen (es gab schon über tausend!) waren ein einziger Betrug, überhaupt

keine Währung, durch nichts gedeckt. Der Kursanstieg – eine Blase. Ich war beruhigt.

Bis Leo am ersten Oktober nach Hause kam. »Ich habe jetzt auch Bitcoin!« Strahlend zeigte er sein *Wallet* auf dem Smartphone. »Ich habe Olaf das Geld gegeben und er hat es für mich gekauft! 0,0019 Bitcoin – für genau siebzig Euro. Aber in einem Jahr sind es schon siebenhundert!«

»Woher hast du denn siebzig Euro?«

»Zehn hatte ich noch vom Geburtstag. Und zehn hat Lina mir geliehen!«

Lina ist die einzige Person in der Familie, die in Geld schwimmt. Denn meine Mutter zahlt jedem Kind für jede Eins zwanzig Euro aufs Sparbuch. Im Gegensatz zu Leo gibt Lina nie etwas aus. Und im Gegensatz zu Lina schreibt Lukas nie Einsen. So schnell öffnet sich die Schere zwischen Arm und Reich.

Ich hatte mitgerechnet. »Das sind erst zwanzig Euro.«

»Ja, und dann habe ich Omi erzählt, dass ich jetzt anfange, für mein Studium zu sparen. Da hat sie mir fünfzig Euro geschenkt.«

Ich schüttelte den Kopf. »Aber du sparst ja gar nicht. Du hast Bitcoin gekauft!«

»Ich halte die bis 2026. Dann kostet ein Bitcoin eine Million! Dann sind meine 0,0019 Bitcoin 20.000 Euro wert. Das hat Olaf mir ausgerechnet. Davon kann ich zwei Jahre studieren!«

Nun gut. Siebzig Euro. Es war zwar alles, was er hatte, und obendrein Geld, das er nicht hatte, aber notfalls würde ich bürgen.

Von diesem Moment an begann der Psychoterror. Jeden Morgen kam Leo triumphierend in die Küche.

»Vier Euro Gewinn, Papa. In einer Nacht! Der Chart geht so krass ab!«

Zahlen liegen mir nicht so. Vielleicht ist das auch ein Grund, warum sich meine Ersparnisse nach 25 Jahren Singerei, Schreiberei und Blockflötenkomponieren auf zwanzigtausend Euro belaufen und wir in dieser winzigen Wohnung mit dem verranzten Gasherd und dem kleinen Wohnzimmer leben und drei Hollandräder haben statt eines Autos. Aber dass aus siebzig Euro nach nur zwei Wochen über neunzig Euro geworden waren, konnte ich nachvollziehen. Hätte ich siebenhundert Euro angelegt, wären daraus also neunhundert geworden. Aus siebentausend schon neuntausend Euro. Zweitausend Euro Gewinn! Davon hätte ich uns zu Weihnachten einen Induktionsherd schenken können.

Leo las meine Gedanken. Er überredete mich, bei der Kryptobörse einen Account für ihn zu eröffnen. Auf einem evangelischen Flohmarkt verkaufte er sein *Larp*-Schwert, achtzehn Kinderbücher, seine Pokémonkarten und seine *Beyblades*, und kaufte dann für 144 Euro Bitcoin, Ethereum und Bitcoin Cash.

Von nun an wurde es noch schlimmer. Ständig rechnete ich im Kopf mit, was ich verdient hätte, wenn ich nur die Hälfte meines Ersparten in Kryptos gesteckt hätte. Ende Oktober waren mir bereits über dreitausend Euro entgangen. Die Gelegenheit war da, ich ließ sie vorbeihuschen. Im Gegensatz zu Leo. Er verkaufte seine beiden Lego-Piratenschiffe, seine

Duplo-Eisenbahn und seinen Todesstern. Davon kaufte er Dash, Litecoin, Monero und Ripple, über das bald alle Banken ihren Zahlungsverkehr abwickeln würden. Das hatte ihm Olaf erzählt. Olaf. Ich konnte den Namen nicht mehr hören.

Mitte November erreichte der Bitcoinkurs 6.500 Euro. Seit Leos erstem Kauf hatte sich der Wert fast verdoppelt. In sechs Wochen. Während meine Ersparnisse auf einem holländischen Tagesgeldkonto fünfzehn Euro Zinsen erwirtschaftet hatten. Ich hatte große Mühe, mich auf meinen Roman *Der Schatten des Fuchses* zu konzentrieren – eine sensible Liebesgeschichte zwischen einem jungen Lappen in Nordschweden und einer älteren Touristin aus Husum, ein Projekt, das meine Agentin als unverkäuflich eingestuft hatte, das mir aber am Herzen lag. *Follow your heart and the money will follow.* Ich war nicht mehr ganz sicher, ob das stimmte. Während der letzten 25 Jahre hatte es nicht funktioniert.

Ich fragte Olaf das nächste Mal beim Kung-Fu, ob es nicht bereits viel zu spät sei, um einzusteigen, bei sechseinhalbtausend. Er lachte und zeigte seine Nagerzähne. »Das haben mir auch alle gesagt, als ich gekauft hab vor einem Jahr. Da stand er bei achthundert. Aber eins ist klar: Für so ein Investment brauchst du Eier!«

Ich nickte. *Zeit*, *Handelsblatt* und *Wirtschaftswoche* warnten immer eindringlicher vor dem »Schneeballsystem«. Vermutlich waren die Söhne der Redakteure längst Kryptomillionäre. Und sicherlich hätte ich der Versuchung widerstanden, wenn nicht

meine Mutter am 15. November über Leo für tausend Euro Kryptos erworben hätte.

Meine Mutter. Sie hatte in ihrem Leben nur Bundesschatzbriefe und Mini-Mietwohnungen in Neumünster gekauft. Entsetzt rief ich sie an.

»Das ist pure Spekulation!«, warnte ich sie. »Der Kurs kann jederzeit abstürzen. Auf null!«

»Ich weiß, mein Herzelein«, seufzte sie. »Aber jetzt hat er sich fast schon verdoppelt. Ich kann gar nicht mehr schlafen! Was ich da alles verdient hätte. Und Leo wünscht sich das doch so. Er legt das für mich an und kriegt drei Prozent auf die Gewinne. Eigentlich mache ich das nur für ihn.«

Es stellte sich heraus, dass meine Mutter nicht sein einziges Opfer war. Auch für Lina hatte er gegen drei Prozent Provision hundert Euro angelegt.

»Und in meiner Klasse, die sind so heiß! Vielleicht gehe ich bald von der Schule ab und werde Kryptoberater!«, strahlte er.

Täglich sammelte er dort Beträge zwischen zehn und zwanzig Euro ein. Angeblich auch von Lehrern. Es reichte mir. Zum ersten Advent kaufte ich einen Bitcoin. Für achttausend Euro. Das war mein Maximum. Mehr würde ich auf keinen Fall in diesen Wahnsinn stecken. Niemals. Leo installierte eine App auf meinem Smartphone, die mir sekündlich die Gewinne vermeldete. Nach zwei Tagen war mein einsamer Bitcoin bereits über neuntausend Euro wert. Meine Mutter überwies mir zweitausend mit der Anweisung, sie *sofort* in Bitcoin anzulegen. Am Nikolausmorgen stand mein Bitcoin bei nahezu zehntau-

send Euro. Leo jubelte. Er hatte nicht mal seine Schuhe rausgestellt.

Die Kurve ging jetzt fast senkrecht nach oben. Ich schlenderte durch die geschmückte Innenstadt auf der Suche nach Geschenken für meine Mutter, meine Schwester Birte, Tante Hedi und ihren Sohn Jeremias, die uns alle am 26. Dezember besuchen würden. Nur mein Bruder Matze würde fehlen, er feierte mit seiner neuen französischen Frau in Marseille.

Zum ersten Mal im Leben kaufte ich bei *Lush* in der Spitalerstraße: drei Badekugeln, ein Duschgel und eine Bodylotion für fünfzig Euro. Ich sah Menschen um mich herum, die erschöpft von der Arbeit kamen, kleine strebsame Ameisen. Sie *arbeiteten* für ihr Geld! Ein Blick auf die App: wieder dreißig Euro mehr, in einer halben Stunde. Es war vollkommen unverantwortlich, die restlichen zwölftausend Euro auf dem Tagesgeldkonto zu lassen. Es war, als würde ich permanent Geld vom Balkon werfen. Ich kaufte Litecoin, Ethereum, Bitcoin Cash, Ripple, Dash und Monero. Ich hatte Eier. Leo hüpfte vor Begeisterung durchs Wohnzimmer.

»Ich würde nicht zu viel anlegen«, sagte Lina mit ihrer leisen Stimme beim Abendbrot, während sie einen Weihnachtsengel aus Glanzpapier ausschnitt, etwas zu nah an der leuchtenden Kerze. Ich konnte so etwas nicht gut mit ansehen, aber Lina ist so umsichtig, ihr passiert nichts. »Schon mal überlegt, was du verlieren kannst?«, fragte sie. »Falls das wieder runtergeht?«

Klang vernünftig. *Zu* vernünftig. Ich wollte noch mehr kaufen. Advent ist die Zeit der Zu-

versicht! Nur hatte ich bereits alles eingesetzt. Die ganze Nacht lag ich wach. Kurz vor drei hatte ich eine glänzende Idee. Also, im Prinzip hatte meine Agentin sie gehabt, und ich hatte aus künstlerischer Integrität bislang abgelehnt: *111 Tinder-Desaster. Aus den Abgründen meines Datinglebens.* »Solche Bücher kaufen Frauen zu Hunderttausenden, ganz egal, was drinsteht«, hatte sie mich beschworen. Ich bin verheiratet. Ich hatte noch nie ein »Tinderdate«. Jetzt schrieb ich ein Exposé und eine zehnseitige Leseprobe mit den drei schlimmsten Tinder-Dates meines Freundes Sebastian und mailte ihr alles um sieben Uhr früh. Ich hatte keine Ahnung, wie ich an die übrigen 108 gelangen würde, aber jetzt ging es nur um den Vorschuss, den ich direkt in Kryptos investieren würde.

Am Morgen nach Nikolaus überschritt Bitcoin erstmals zehntausend Euro. Mein Telefon klingelte. »Hi, hier ist Birte!«, flötete eine Stimme. Meine Schwester. Sie ist Professorin für orientalische Gender Studies an der University of Kentucky und berät unsere Familienministerin. Vor drei Jahren hatten wir uns über ein Burkaverbot an Universitäten zerstritten und seitdem den Kontakt auf das Nötigste reduziert. Jetzt rief sie an – um sieben Uhr morgens. War jemand gestorben? Ich entschuldigte mich für meine Entgleisungen drei Jahre zuvor.

»Natürlich ist die Burka ein Ausdruck kultureller Selbstbestimmung«, gestand ich ihr zu. »Wir als privilegierte Abendländer sollten da als Allerletzte eingreifen!«

»Hör auf, Schnee von gestern!« Ihre Stimme klang unerwartet munter. »Du, Bitcoin geht ja so was von ab. Und ich kriege keinen Account eröffnet, alles total überlastet. Kannst du für mich was anlegen?«

Wie sich herausstellte, hatte sie mir bereits fünftausend Euro überwiesen. Noch während ich versuchte, eine Order zu platzieren – die Seite der Kryptobörse stürzte alle zehn Minuten ab –, klingelte das Telefon erneut. Tante Hedi. Ihr Mann hatte mit der Reparatur von Waschmaschinen ein Vermögen gemacht und bei Pferdewetten fast alles wieder verloren, bevor er von einem simsenden SUV-Fahrer überrollt worden war. Seitdem arbeitete Hedi als Sterbebegleiterin und rezitierte aus dem tibetischen Totenbuch.

»Sören, ich habe gehört, du hast eine Methode gefunden, wie man ganz schnell reich werden kann. Das interessiert mich.«

Ich holte tief Luft und erklärte ihr, Bitcoin sei kein kurzfristiges Investment. Ich zählte alles auf, was ich auch nicht verstanden hatte: die Zentralbankgeldblase, die Geschichte des Josephspfennigs, die dezentrale Vertrauensbildung durch Blockchains, Kryptos als Geld des 21. Jahrhunderts, kurzfristig volatil, langfristig unschlagbar.

»Ich hab schon so viel Pech mit Geldanlagen gehabt«, jammerte sie. »Wegen *Stiftung Warentest* hab ich doch damals Deutsche-Bank-Aktien gekauft, für hundertzwanzig Euro. Jetzt sind sie bei zwölf Euro. So was will ich nicht noch mal erleben!«

Ich warnte, sie dürfe nur Geld in Kryptos investieren, das sie nicht brauche. Vielleicht zwei Prozent ihrer Ersparnisse.

»Aber deine Mutter sagt, du hast alles reingesteckt! Und schon Tausende verdient! In einer Woche!«

Ich war ein bisschen skeptisch, ob Tante Hedi tatsächlich der ideale Kryptoinvestor war. Das sagte ich ihr auch.

»Also, nur weil ich kein Abitur habe, lasse ich mir das jetzt nicht entgehen!«, erwiderte sie trotzig. »Und ein bisschen was habe ich gespart. Wenn ich das nun in diese Rippels anlege, die du verkaufst, wie viel wird das in einem Jahr sein?«

Kurz vor dem zweiten Advent schoss Bitcoin auf zwölftausend Euro hoch. Es war unfassbar.

Meine Agentin rief an. »Sören, was ist mit dir los?«, säuselte sie. »So frisch, so witzig, so – modern! Vergiss den *Schatten des Kaninchens*. Das hier wird ein Seller! Sooo lustig, wie du diese Frau mit der Ganzkörperakne getroffen hast! Hab's schon an Ullstein, Rowohlt und dtv gemailt und ihnen gesagt, dass es der Burner der Saison wird. Ich rechne noch diese Woche mit den ersten Geboten!«

»Wie hoch?«, fragte ich nervös. Das könne sie noch nicht sagen, sie melde sich aber bald. Aufgelegt. Es war nicht möglich, mit ihr länger als zwei Minuten am Stück zu sprechen.

Als es zum ersten Mal dicke Flocken schneite, hatte ich keine Zeit, aus dem Fenster zu sehen. Über Nacht war Bitcoin auf fünfzehntausend Euro gestie-

gen! Mit meinem ersten Bitcoin hatte ich schon über sechstausend Euro verdient. Ein Drittel dessen, was ich bislang in meinem gesamten Leben gespart hatte. Ich bestellte mir die Gesamtausgaben von Dostojewski, Proust und Thomas Mann in Leinen, ein *MacBook Pro*, die Tarantino-Blue-Ray-Sammlung und googelte nach Induktionsherden.

Am zweiten Advent rief Vlado an, ein Cousin dritten Grades. So ganz habe ich nie verstanden, über wen ich eigentlich mit ihm verwandt bin. Er hat tiefbraune, melancholische Augen und einen Dreitagebart und schreibt wunderbar hyperrealistische Krimis, die in Belgrad um jede Menge Alkohol, Sex und Crystal Meth kreisen und sich sehr gut verkaufen. Leider kommt Vlado kaum in den Genuss des Geldes, denn er hat vier Kinder von zwei Exfrauen, die beide nichts verdienen, so dass er für alle sechs aufkommen muss, plus eine neue Freundin aus Bukarest, die auf teure Klamotten steht.

»Schlechte Neuigkeiten«, begann Vlado. »Rumänien-Anja ist schwanger. Mit Zwillingen.«

Seine Stimme klang noch eine Oktave tiefer als sonst. Ich liebe ihr abgründiges Kratzen. Jetzt allerdings wusste ich nicht, ob ich gratulieren oder kondolieren sollte.

»Sören, ich brauche diese Kryptos. Ich habe gehört, du hast damit in zwei Wochen über hunderttausend verdient.«

»Hunderttausend? Vlado, ich habe sie erst seit zehn Tagen, und ...«

»Hör auf. Ich weiß alles. Und ich bin wirklich

am Arsch. Also, ich brauche diese Bitcoin-Aktien. Aber ich habe kein Geld.«

»Vlado, es sind keine Aktien …«

»Hier ist mein Deal. Du leihst mir hunderttausend. Und wenn das Ganze sich verdoppelt hat, kriegst du sie zurück. Dann haben wir beide hunderttausend.«

Das klang irgendwie fair. Aber ich hatte gerade meine Lebensversicherung und meine Riesterrente verscherbelt, um noch mal fünfzehntausend in Stellar, Cardano und IOTA zu stecken, die Kryptowährungen der nächsten Generation. Ich hatte absolut nichts mehr. Das sagte ich ihm auch. Er schwieg. Am Telefon eine unangenehme Erfahrung.

»Sören, ich stecke im Dreck. Ich bin dein Cousin. Ich brauche dieses Geld!«

»Und ich habe es nicht!«

Zum Glück klingelte es an der Tür, ich konnte auflegen. Meine Nachbarn aus dem zweiten Stock hatten gehört, man könne bei mir sein Geld verdoppeln.

Zwei Tage später ein Jubel-Anruf meiner Agentin: Ullstein wollte die *111 Tinder-Desaster*. Vorschuss zehntausend! Wann ich den bekommen könne, fragte ich. Gemach, nun gehe ja erst die Auktion los, antwortete sie. Es könne zwei Wochen dauern. Sie melde sich zeitnah. Aufgelegt. Ich fand Trost darin, dass die Litecoins, die ich vor einer Woche zum Kurs von knapp neunzig Euro gekauft hatte, ihren Wert verdreifacht hatten.

»Und wer hat es dir empfohlen, Papa?«, triumphierte Leo.

Es kam noch besser. Als ich gerade mit Lina und Leo zum Weihnachtsmarkt am Jungfernstieg schlenderte, rief meine Freundin Sarah an. Sie hilft als Rechtsanwältin internationalen Pharmaunternehmen, sich gegenseitig um zweistellige Milliardenbeträge zu verklagen.

»Sören, ich mach's kurz, bin gleich in einer Telefonkonferenz mit GlaxoSmithKline. Also, dieses Zinshaus in Frankfurt ist der reine Albtraum. Nur Horrormieter. Nie wieder Immobilien!« Ich hatte nicht mal gewusst, dass sie ein Zinshaus besaß. »Aber ich habe gehört, du hast mit diesem Bitcoin seit dem ersten Advent eine Million gemacht?«

»Nein, das ist hemmungslos übertrieben. Ich habe lediglich ...«

»Alles gut, alles gut, ich sag's nicht dem Finanzamt. Ich hab mal geguckt, das ist ja irre kompliziert. Ich überweise dir jetzt zweihunderttausend, und du legst sie für mich an. Von dem Gewinn kriegst du fünf Prozent. Okay?«

Ich schluckte. Hatte sie zweihunderttausend gesagt?

»Gut, zehn Prozent. Oder funfzehn. Aber da ist Schluss. Gibst du mir deine Kontonummer? Konferenz geht los.«

Leo war außer sich vor Begeisterung. Nun hätten wir endlich Geld, um in weniger bekannte Coins zu investieren. Zum Beispiel ZCash, wegen der absoluten Anonymität der Transaktionen besonders beliebt bei der Ndrangheta, den chinesischen Triaden und den mexikanischen Drogenkartellen.

Am Morgen des 14. Dezember legten wir Sarahs Zweihunderttausend in fünfzehn verschiedenen Coins an und kauften für fünftausend Euro Kryptos für Tante Hedi. Mit Sarah hatten wir unfassbares Glück. Die Ripple, die wir morgens gekauft hatten, hatten sich abends bereits im Preis verdoppelt. Natürlich berichtete ich ihr das umgehend. Sarah konnte sich nicht einkriegen vor Freude: »Ich dachte immer, du seist einfach nur ein miserabler Schriftsteller. Aber du bist ein Genie!«

In diesem Moment kam mir eine Idee. »Ich hab wirklich eine Glückssträhne«, antwortete ich, »Ullstein will mir fünfzehntausend Vorschuss für mein neues Buch zahlen, *111 Tinder-Desaster*. Aber wie Verlage so sind, es wird ewig dauern, bis die das überwiesen haben. Könntest du vielleicht ...« Ich musste nicht zu Ende sprechen. Sarah hätte mir in diesem Moment vermutlich auch ihr Zinshaus in Frankfurt überschrieben.

»Bin grade auf der Weihnachtsfeier«, flüsterte sie ins Handy. »Aber kein Problem, ich überweise heut Nacht plus, warte, plus noch mal vierhunderttausend zum Anlegen. Mach damit, was du willst. Krypto rules!«

Aufgelegt. Ich rief nach Leo, der fieberhaft zu rechnen begann. Wenn Sarahs sechshunderttausend sich nur verdoppeln würden – also spätestens Ende Januar –, wie hoch wäre unsere Provision? Neunzigtausend! Wir sahen uns an. Leo stiegen Tränen in die Augen. »Wir müssen nie wieder arbeiten, Papa!«, stammelte er.

»Unsinn«, bemerkte Lina, während sie mit provozierender Ruhe einen Weihnachtsmann aus Buntpapier ausschnitt, samt Schlitten und Rentier. Das hatte sie schon mit vier gekonnt. Ich konnte es immer noch nicht. »Erstens geht das alles wieder runter. Zweitens wirst du immer schreiben, Papa, egal, wie viel Geld du hast.« Lina war bei ihrem Hundert-Euro-Investment geblieben. Der Rest schlummerte nutzlos auf ihrem Sparbuch.

An den folgenden Tagen ging ich gar nicht mehr ans Telefon. Zu viele Freunde wollten mir Geld überweisen. Einmal nahm ich doch noch ab. Es war Jeremias, Dauersingle und Sohn von Tante Hedi. Er war zwar nur Systemadministrator bei einem Gabelstaplerhersteller in Norderstedt, hielt sich aber, wie ich wusste, für eine Art Ökonomieguru. Es war klar, welche Worte gleich fallen würden: Schneeballsystem, Betrug, Blase, Tulpenzwiebeln. Ich musste nicht lange warten.

»Du betätigst dich also als Vertreter für dieses Schneeballsystem?«

»Es handelt sich um die Währung der Zukunft«, erwiderte ich kühl. »Und ich habe damit schon einigen Gewinn gemacht.«

Seine Stimme wurde scharf. »Also, du hast schon verkauft?«

»Ich bin ja nicht blöd.«

»Dann sind das Buchgewinne. Rein fiktiv. Das Ganze ist ein Scam. Tulpenfieber. Eine riesige Blase!«

Natürlich hasste er mich dafür, dass ich, der erfolglose Schriftsteller, nun ein besserer Finanz-

investor war als er mit seinem Abonnement der *Wirtschaftswoche.*

»Leg dein Geld doch bei der Sparkasse an!«, empfahl ich ihm. »0,1 Prozent Zinsen – im Jahr!«

»Sören, du verspielst die Ersparnisse meiner Mutter!«

Ich erklärte ihm, dass es sich um ein diversifiziertes Portfolio aus verschiedenen Kryptowährungen handle: Ripple, Monero, Dash und Bitcoin Cash.

»Wenn du verschiedene Tulpenzwiebeln kaufst, ist das keine Diversifizierung! Du verkaufst das sofort, ehe es total abstürzt!«

»Aber es steigt! Und warum sagst du das nicht deiner Mutter?«

»Weil sie *dir* glaubt!«

Zum dritten Advent erreichte Bitcoin sechzehntausend Euro, und wir investierten so viel wie noch nie: Für Sarah vierhunderttausend, für mich den vorgestreckten Vorschuss, zehntausend für meine Schwester, noch mal zwanzigtausend für die Nachbarn, die sich Geld von ihren Freunden zusammengeliehen hatten. Ich zweigte sogar noch tausend Euro ab, um für Vlado Ripple zu kaufen.

Und dann, unmittelbar vor Weihnachten, begann der Futurehandel auf Bitcoins an der Börse in Chicago. Das sind Wetten darauf, wie sich der Kurs entwickeln wird. Einfach nur Wetten. Aber von diesem Moment an stürzten die Kurse. Bitcoin verlor zehn Prozent seines Wertes, an einem einzigen Tag.

Ich rief Olaf an. »Was ist da los?«

»Alles gut! Ich hab gestern ausgecasht. Histori-

scher Höchststand, fast zwanzigtausend Dollar. Wir haben 'ne Villa in Othmarschen gekauft, Digger. Und der Trend geht zum Zweitporsche!«

»Frohe Weihnachten«, murmelte ich totenbleich.

»Ihr habt aber nicht mehr gekauft?«, fragte er. »Doch nicht auf dem absoluten Peak?«

»Ich, äh, nein.« Was sollte ich sagen? In meinem Kopf hatte sich die Kurve immer weiter nach oben verlängert. Später habe ich gelesen, dass unsere Hirne evolutionär so angelegt sind.

»Digger, niemand kauft am Peak! Kaufen, wenn's unten ist, verkaufen, wenn's oben ist. Hey, dafür muss man keine Finanzwissenschaft studiert haben!«

Wenn es bei zehn Prozent geblieben wäre. Die Kurve zeigte senkrecht nach unten. Jeden Tag weitere zehn Prozent runter. Erst kurz vor Heiligabend war Ruhe. Da rief meine Agentin an. »Die Auktion ist geplatzt, leider. Droemer bringt im Februar schon *99 Tinderdesaster – aus der Hölle meines Datinglebens* von einer bayrischen Autorin. Aber im Januar finden wir bestimmt ein neues sexy Thema. Wie wäre es mit: *Gestatten, Dr. Dauerpups. Das Buch der lustigen Nachnamen*«?

»Nein! Was ist mit *Schatten des Fuchses*? Das habe ich fast fertig!« Aufgelegt. Die zwei Minuten waren um. Statt der anvisierten zehntausend würde es jetzt null Euro Vorschuss geben. Wann sollte ich das noch mal Sarah zurückgeben? Musste ich mich jetzt bei ihr melden?

Sie rief von selbst an. »Das nenne ich einen amtlichen Absturz!« Ihre Stimme hatte sich stark abge-

kühlt. »Aber ich hoffe mal stark, als verpeilter Künstler hast du die letzte Tranche noch nicht investiert? Sören? Hallo? Du hast jetzt nicht sechshunderttausend in diesen Kryptoscam gepackt?«

Ich liebe die Theorie, die Hillary Clinton bis heute verbreitet: Hätten die amerikanischen Wahlen bereits am 24. Oktober 2016 stattgefunden, dann wäre sie Präsidentin geworden. Ebenso wäre ich ganz sicher der Star des familiären Weihnachtskaffees gewesen, wenn der zweite Weihnachtstag schon am 17. Dezember gefeiert worden wäre. Aber leider wurde in den USA am 5. November gewählt, und der zweite Weihnachtstag fiel auf den 26. Dezember. Und Bitcoin auf neuntausend.

Meine Mutter und Lina waren entschlossen, keinen Schatten über das Weihnachtsfest fallen zu lassen. Es war mühsam genug, uns ernährungsmäßig zusammenzubekommen. Weil Vlado sich nur von Fleisch und Alkohol ernährt, Lina dagegen vegan lebt, hatten wir vor drei Jahren vom Weihnachtsessen auf ein Weihnachtskaffeetrinken umgesattelt. Lina hatte einen veganen Trauben-Zwetschgen-Kuchen gebacken, meine Mutter Zimtsterne, Heidesand und Spekulatius.

»Frööööhliche Weihnacht üüüberall!«, sang sie mit ihrer hohen und hellen Stimme, als sie um 14 Uhr zur Tür hereinkam, um beim Aufbauen und Schmücken zu helfen. Lina bastelte seit ihrem fünften Lebensjahr aus Buntpapier, Stroh, Pappe, Zeitschriftenseiten, Herbstblättern, Ästen und Seide Weihnachtssterne, Weihnachtsengel, Nikoläuse und

Schlitten. Es ist kaum möglich, das alles in unserer winzigen Wohnung unterzubringen. Das Wohnzimmer ist nach dem Aufstellen des Baumes eigentlich schon voll. Und bis auf Weiteres würden wir nicht in eine Villa nach Othmarschen umziehen, auch nicht in ein Loft in Ottensen. Im Gegenteil.

»Pass bloß auf mit den Papierengeln bei den Adventskerzen!«, warnte meine Mutter wie in jedem Jahr.

»Alles gut, Omi«, wisperte Lina wie in jedem Jahr. »Da passiert nix. Ich muss mich jetzt aufs Backen konzentrieren.«

Eine halbe Stunde später kam meine Schwester. Ihr Blick war so eisig wie an jenem Tag, an dem ich einen Witz über Passfotos in Burka gemacht hatte.

Meine Mutter fuhr diplomatisch dazwischen. »Und *ein* Thema wollen wir heute am Weihnachtstag ganz sicher nicht diskutieren!«, rief sie mit einem Lächeln, das so festgefroren war wie die Züge der deutschen Bahn beim ersten Kälteeinbruch.

»Allerdings«, sagte Birte, die etwa sechstausend Euro im Minus stand.

»Ist doch super, Omi«, lachte Leo. »Wir beide sind immer noch tierisch im Plus!« Aus purem Geldmangel hatte er am 15. November mit dem Kaufen aufgehört. Auch Vlado, der sich selbst eingeladen hatte und um halb drei kam, war bester Laune. Er hatte schon ordentlich getankt und als »Geschenk für alle« etliche Flaschen Rot- und Weißwein mitgebracht, über die er zu philosophieren begann, während er sie öffnete und sich einschenkte.

»Wer oder was ist der Weihnachtsmann?«, raunte er. »Ein Nachfahre der römischen Saturnalien! Ein Zombie aus dem Reich der Toten. Wir kaufen uns bei ihm frei, damit wir weiterleben dürfen. Prost!«

Meine Mutter mahnte ihn, erst mal Kaffee zu trinken. Vlado stürzte sein Glas in einem Zug runter. »Ah! Lasst hundert Huren um mich sein – es ist Weihnachten!«

Auch Tante Hedi, die Schlag 15 Uhr auftauchte, hätte das Thema sicher gern gemieden, sogar ihr Jeremias hätte sich an das Schweigegelübde gehalten. Aber merkwürdig war es schon, dass er einen Anzug trug wie zu einer Beerdigung und dass ihre Augen aussahen, als hätte sie drei Tage und Nächte durchgeweint.

»Wie schön du das wieder gemacht hast«, flüsterte Hedi, als Lina die Kerzen des Adventskranzes anzündete. »Aber pass mit den Papierengelchen auf! Jedes Jahr gehen bei uns vierzehntausend Christbäume in Rauch auf, und die Wohnungen dazu!« Lina stöhnte nur leise. »Und der Pflaumenkuchen«, fragte Hedi zur Versöhnung, »hast du den auch so schön vegan gemacht?«

In diesem Moment kam Leo zum Tisch. »Weihnachtsrabatt!«, rief er begeistert. »Discount auf alle Coins. Sooo geil!«

»Was?«, stammelte meine Tante. »Was meinst du?«

»Hedi, es ist so krass. Ich krieg doch nachher von euch allen Geld geschenkt. Seit sechs Wochen kann ich zum ersten Mal nachkaufen! Und genau

zu diesem Zeitpunkt gehen die Kurse in den Keller. BTFD!«

»Was?«, stotterte meine Tante, dem Weinen nahe.

»Buy the fucking dip! Fünfzig Prozent Weihnachtsrabatt!«

»Ich glaube, das Thema lassen wir jetzt mal«, beschied meine Schwester und lud sich ein extragroßes Stück Kuchen auf den Teller. »Ich denke, hier haben einige mit dieser Schnapsidee Verlust gemacht. Aber das müssen wir ja jetzt nicht besprechen.«

Nun tropfte eine Träne aus Hedis linkem Auge. »Nein, bitte nicht. Ich hatte solchen Kummer deswegen …«

Jeremias blickte Leo streng an und legte den Arm um seine Mutter.

»Was ist denn los?«, fragte Leo völlig unbekümmert. »Was habt ihr denn gedacht? Jetzt geht's runter und dann wieder hoch!«

»Wann denn?«, fragte meine Schwester so scharf, als habe Leo eine MeToo-Debatte begonnen.

»Was weiß denn ich?!«, lachte Leo schrecklich gut gelaunt und biss einem Schokoweihnachtsmann den Kopf ab.

»Ich habe schon sechstausend Euro verloren mit diesem Scam!«, erklärte meine Schwester.

»Solange du nichts verkaufst«, mampfte Leo, »hast du noch nix verloren. Sonst hätte diese Freundin von Pappi, diese Sarah oder so, schon über zweihunderttausend verbrannt!«

Hedi blickte mich mit einem Ausdruck leeren

Entsetzens an. »Wen hast du denn noch alles da rein-gezogen?«, flüsterte sie.

»Jeden, den er kennt«, höhnte meine Schwester.

»Es ist nur eine Korrektur«, nuschelte ich.

»Korrektur!?« Jeremias spuckte vor Aufregung Spekulatius auf seinen Anzug. »Ein Crash ist das! Es geht auf null. Und das war von vornherein jedem klar, jedem, der auch nur einen Hauch von Ökono-mie versteht!«

»Das wissen wir doch gar nicht«, sagte Lina mit ihrer leisen Stimme. »Lasst uns doch jetzt einfach …«

»Niemand hat Geld verloren?« Tante Hedis Stimme überschlug sich. »Tausende hab ich verloren! Alles!«

Sie übertrieben heillos, aber das war jetzt nicht zu ändern.

»Das war ein Schneeballsystem!«, rief Jeremias. Er war so rot angelaufen, dass ich mich an die Sen-dung über Schlaganfall erinnerte. Man sollte bei den ersten Symptomen schnell handeln.

»Wie ich diese Familie liebe!«, rief Vlado, der jetzt direkt aus der Flasche trank. »Wie ihr das Geld anbetet. Keiner wollte mir was leihen. Da habt ihr die Quittung. Alles weg!«

»Sei einfach still«, flüsterte meine Schwester.

»Für dich haben wir doch auch Kryptos ge-kauft!«, heulte Tante Hedi. »Wir alle! Birte, Sören, ich, deine Tante! Zehntausend haben wir für dich an-gelegt! Aber es ist alles weg!«

Vlado hielt inne. Er rollte mit den Augen. Es sah aus, als würde er gleich vom Stuhl kippen. Stattdes-

sen glitt ihm nur die Flasche aus der Hand. Und dann ging alles entsetzlich schnell.

Die Flasche warf einen Strohengel um, der in den Adventskranz fiel und sofort Feuer fing. Linas Strohsterne und die Papierengel und die Weihnachtspappfiguren, alles fing Feuer, die ausgetrockneten Nadeln des Kranzes selbst, Flammen schossen hoch. Tante Hedi schrie: »Es brennt!«, und mir ging in einer Millisekunde durch den Kopf, dass man Feuer nicht mit Wasser löschen, sondern ersticken soll, mit Decken. Deshalb rannte ich zum Schlafzimmerschrank, aber da waren keine Decken, nur Kleider. Der Feuermelder gab jetzt ein sirenenartiges Schrillen von sich. Leo schrie: »Die Feuerwehr! Ich hol' die verdammte Feuerwehr!« Meine Tante schrie: »Feuer!« Ich rannte in die Küche und füllte unsere Gießkanne mit Wasser, obwohl man das nicht tun soll, und kippte das Wasser über den Kranz, und das Wasser spritzte durch den Raum. »Mein Anzug!«, schrie Jeremias. Ich holte zum zweiten Mal Wasser. Alle waren in den Flur geflohen, und meine Tante kreischte: »Wir werden alle verbrennen!« Leo rief, er werde jetzt die Feuerwehr rufen, ich schrie, ich hatte alles unter Kontrolle, Vlado starrte ins Feuer und hob die nächste Flasche in die Höhe. Nach der dritten Gießkanne waren die Flammen schon merklich kleiner, nach der vierten waren sie erloschen.

»Meine Weihnachtsengel!«, wimmerte Lina.

»Ist es gelöscht?«, wunderte sich Leo.

»Mein Anzug ist hin!«, zeterte Jeremias. »Und das zahlt ihr!«

»Hör einfach auf, hör einfach auf«, greinte Tante Hedi.

Vlados Augen leuchteten, als spiegele sich immer noch das Feuer in ihnen, und meine Mutter und meine Schwester sagten gar nichts, sondern hielten sich im Arm. Der Rauchmelder schrillte immer noch. Jeremias montierte ihn ab und entfernte die Batterie.

Nun war es plötzlich sehr still. Der Boden stand unter Wasser, der Holztisch war schwarz verkohlt. Aber die Decke, ein Wunder, war weiß geblieben. Und während Vlado sich ins Sofa vorm Baum fallen ließ, stand Tante Hedi zitternd da, nun getröstet von meiner Mutter. Leo öffnete die Fenster, um den Rauch abziehen zu lassen. Lina sammelte in Zeitlupe auf, was an Weihnachtsschmuck übrig geblieben war. Ich wischte den Boden. Meine Schwester stopfte alles Angekokelte in große, dunkelblaue Müllsäcke.

Wir haben dann noch einen langen Spaziergang unternommen, meine Mutter und Vlado blieben als Feuerwache zurück. Und dann, ja, dann haben wir sogar noch Weihnachten gefeiert, mit *Es ist ein Ros entsprungen* und Quempas-Flöten und Bescherung unterm Baum und veganem Heidesand, und meine Mutter war glücklich über die Badekugeln von *Lush* und Vlado über die Pynchon-Ausgabe. Von den Kryptos sprachen wir kein Wort mehr. Nur Leo versicherte zum Abschied, er werde Tante Hedi alle Verluste erstatten, Ehrensache. Wie er das denn machen wolle, fragte Tante Hedi.

»Du musst nur ein paar Jahre warten«, sagte Leo ganz ernst. »In neun Jahren ist ein Bitcoin eine Mil-

lion wert. Da kann ich dir deine Verluste locker zurückzahlen. Locker.«

Und ich? Ich brauchte noch eine Alternative zu *Meine 111 Tinder-Desaster*. Desaster ist schon mal gut. Vielleicht irgendwas mit Kryptos?

PS: Das war 2017. Dieses Jahr erreichte Bitcoin sein neues Allzeithoch von 67.405 Euro. Leo hat seine Bitcoin-Anteile noch nicht verkauft.

Fast wie neu

Ich sah das Buch vor meinem Abflug nach Entebbe, dem Flughafen von Uganda, in der Buchhandlung am Hamburg Airport: *Magic Cleaning. Wie richtiges Aufräumen Ihr Leben verändert.* Auf dem Cover ein großes, rotes Regal mit lauter leeren Fächern, nur im mittleren Fach ein Bonsai-Bäumchen. Das Buch der Japanerin Marie Kondo hatte sich angeblich allein in Japan, dem ordentlichsten Land der Welt, eine Million Mal verkauft. Wenn Japaner, die als Allerletzte Nachhilfe in Ordnung brauchen, sich gegenseitig dieses Buch schenken, dachte ich, dann musste wirklich etwas Magisches drinstehen. Das war mein Buch.

Ich liebe Ordnung. Sie beruhigt und inspiriert mich, sie gibt mir ein Gefühl von zu Hause. Ich erinnere mich, wie ich Eva in unserer ersten Zeit in ihrer kleinen Zwei-Zimmer-Wohnung in Hamburg-Eimsbüttel besuchte. Spätabends lagen wir auf dem Sofa,

ich sah mich im Wohnzimmer um, das nur von einer Lichterkette erhellt war, die sich um eine Zimmerpflanze rankte. Nichts lag herum, die wenigen Bücher und CDs passten säuberlich aufgestellt auf zwei Regalbretter an der Wand, alles stand, wo es stehen sollte. So einfach ist das Glück, dachte ich. Mit dieser Frau wollte ich mein Leben verbringen.

Denn bei mir ist es genau umgekehrt. Wenn ich einen Raum betrete, verwandele ich ihn binnen weniger Minuten in Chaos. Ich suche jeden Tag mehrmals mein Smartphone, meine Hausschuhe und mein Portemonnaie, meine Brille und meine Lesebrille, teilweise über eine halbe Stunde; ich besitze Hunderte von CDs und Noten, über tausend Bücher, und bei den Aktenordnern fange ich gar nicht erst zu zählen an. Regelmäßig kaufe ich neue Regale, Hängeordner, Schachteln und Schubladenelemente, um alles zu verstauen, trotzdem bilden sich nach jedem Aufräumen innerhalb kurzer Zeit Stapel auf dem Fußboden, dem Klavier, dem Keyboard, den halbhohen Schränken und dem Schreibtisch. Ich verhalte mich wie der dänische Koch in der *Muppetshow*, der nach dem Schlachtruf *Smörrebröd Smörrebröd röm tröm tröm tröm* seine Kochutensilien hinter sich wirft. Tief im Inneren bin ich vermutlich überzeugt, dass ich nur aus diesem Chaos heraus schreiben und komponieren kann. Oder ich möchte unbewusst das Arbeitszimmer meines Schriftstellervaters in unserem Haus in Neumünster reproduzieren, wo der Boden von handgeschriebenen und getippten, halb fertigen Hörspielen, Romanen und Kurzgeschichten bedeckt

war, während die schrägen Wände mit unleserlich beschriebenen, kleinen, weißen, quadratischen Post-it-Zetteln zugepinnt waren, auf denen weitere Romane, Hörspiele und Kurzgeschichten skizziert waren.

Gleichzeitig versetzt mich diese von mir selbst erzeugte Unordnung in Unruhe, macht mich nervös und gereizt, und kaum betrete ich das aufgeräumte Wohnzimmer, das Eva unter ihrer Regie hat, fällt alle Last von mir ab. Dieser Nestbautrieb hat mich schon immer magisch angezogen: wie Eva Ende November damit beginnt, die Fenster mit transparenten Buntpapiersternen zu bekleben, die sie zusammen mit Lina gebastelt hat, wie an den Wänden in kalkulierten Abständen Engel und Weihnachtsmänner auftauchen, wie sich um den Wohnzimmerficus plötzlich die Lichterkette rankt und sich auf dem Beistelltisch eine Holzpyramide unter dem Kerzenlicht dreht. Es war an der Zeit, dem Muster meines chaotischen Schriftstellervaters zu entkommen. Wann, wenn nicht jetzt? Kaum war ich von meiner Recherchereise aus Uganda zurück, begann ich das Programm: *Magic Cleaning.*

Man kann sich Marie Kondo auf YouTube ansehen. Sie ist auf klischeehafte Weise japanisch: Sie spricht kein Englisch, ist klein, hat glatte, schwarze Haare, lächelt unentwegt und zeigt dabei ihre etwas zu großen Zähne. Und sie bedankt sich bei allen Dingen, die sie wegschmeißt, indem sie ihre Hände flach aneinanderlegt und sich leicht verbeugt. Sie verkörpert alles, was ich an Japan liebe: Ordnung und Sauberkeit, Bescheidenheit und Disziplin, Konsequenz

und Effizienz, Zähigkeit und Kraft. Ich hatte drei Premieren in Tokyo, ausverkaufte Säle voller blockflötenbegeisterter Japaner, die die Musik eines *Gaijin* (Ausländer) hören wollten, noch besser: eines *Doitsu-jin* – so werden wir Deutschen dort genannt. Japan fühlt sich an, als wäre man drei Jahrhunderte in die Zukunft gereist: In der Dusche kann man die Temperatur auf 39,2 Grad einstellen, jede Toilette hat zwölf Knöpfe, auf deren Geheiß die Sitzbrille gereinigt, sterilisiert und angewärmt wird, klassische Musik ertönt oder man sich mit einem Wasserstrahl massieren lässt. Die Züge haben eine durchschnittliche Verspätung von dreißig Sekunden und es gibt Einkaufszentren sechs Stockwerke unter der Erde. Die Liebe fürs Detail, die aufopfernde Hilfsbereitschaft, der Sinn für Schönheit: Für mich sind die Japaner der Adel der Welt.

Trotzdem fiel mir auf, dass Marie Kondo ein bisschen seltsam ist. Sie begrüßt ihre leere Wohnung mit »Ich bin wieder da!« Sie bewahrt Karotten und Socken stehend auf, trocknet ihr Geschirr auf dem Balkon, lagert ihre Shampoos außerhalb ihres Badezimmers und empfiehlt, Popstarposter im Inneren des Kleiderschranks aufzuhängen. Seit sie vier ist, beschäftigt sie sich mit nichts anderem als mit Aufräumen. Sie hat also einen totalen Sockenschuss. Aber auch ein paar kluge Einsichten. Dass es zum Beispiel keinen Sinn macht aufzuräumen, ohne vorher radikal aussortiert zu haben. Dafür nimmt man jedes Ding einzeln in die Hand und fragt sich, ob es einen glücklich macht. Wenn nicht, kommt es weg.

Ich begann mit den Hemden, die meinen Kleiderschrank überfüllten. Zwei von drei machten mich unglücklich, was damit zusammenhängen mochte, dass ich sie gekauft hatte, als ich noch so um die einundsechzig Kilo wog. Als ich mich letztes Mal wog, waren es siebzig Kilo, aber das ist schon länger her. Die meisten Hemden und Jeans bekam ich nicht mehr zu. Aber deswegen gleich aussortieren? Ich beschloss stattdessen, gleich im Januar mit der Smoothie-Diät von Harvey Pasternak anzufangen, verstaute die temporär zu engen Kleidungsstücke in Umzugskartons und lagerte sie in meinem Aktenkeller, der auf vier Ebenen an drei Wänden über dreihundert Ordner beherbergt. Ich habe neben Musik auch Soziologie, Politik, Philosophie, Geschichte, Ökonomie, Kriminologie und Sexualwissenschaft studiert. Damals gab es noch kein Google; man verbrachte sein Studium in Kopierläden, um Bücher und Aufsätze zu vervielfältigen, die man dann nicht las. Umso wichtiger, sich diese Chance für später aufzuheben.

Aber einiges gab es doch zum Wegwerfen: die löchrigen Socken, ebenso wie die, die einzeln übrig geblieben waren, zerfledderte alte T-Shirts, Jeans und Jogginghosen ... da fiel mir ein, dass ich damit gekleidet wunderbar unsere Wohnung streichen könnte, was sich Eva schon seit Jahren wünschte. Ich legte drei Kisten mit »Malerklamotten« an, die ich zu Evas Unmut in unserem ohnehin überfüllten, kleinen Abstellraum stapelte.

Nun wandte ich mich den Büchern zu. Marie Kondo hat kein Bücherregal, weil ihre Bücher in ein

Regalfach ihres Schuhschranks passen. In welchen Schuhschrank sollten meine über tausend Bücher passen? Ich habe selbst siebzehn geschrieben. Mein Vater war Schriftsteller, Bücher sind mir heilig, ich sortiere sie nicht aus wie faule Bananen. Aber es gibt eben doch Ausnahmen. Zum Beispiel *Das große Buch der Hauspflanzen – Alles über Pflege, Krankheiten, Gießen, Schnitt, Umtopfen und Vermehrung. Der Welterfolg in der 8. Auflage.* Ich hatte es 1994 gekauft. Aber von allen Hauspflanzen, die ich seither bei *Blume 2000* gekauft habe, hat nur ein Ficus überlebt. Er scheint sehr anspruchslos zu sein und kein Wasser zu benötigen. Selbst meine Kakteen sind eingegangen. Oder: *Heimwerken leicht gemacht: Das praktische Nachschlagebuch für Selbermacher* von 1992. Es stand fünf Jahre ungelesen in meinem Regal, und dann lernte ich Eva kennen. Sie kommt aus einer Handwerkerfamilie und kann tapezieren, kacheln und den Wasserhahn reparieren, ohne ein Buch zu konsultieren. Oder: *Schlechte Gewohnheiten loswerden in 66 Tagen.* Ich hatte schon nach dem zweiten Tag aufgegeben.

Ähnlich war es bei den CDs. Mitte der 90er hatte ich mir die Doppel-CD *Acoustic to Electric Blues* gekauft. Wie jeder weiß, beruht die moderne Popmusik auf dem Blues. Mississippi John Hurt, Blind Lemon Jefferson und Howlin' Wolf – konnte man überhaupt Songs schreiben, wie ich das tat, ohne deren Gesamtwerk zu kennen? Ich nahm die CD zur Hand, zum ersten Mal seit dem Kauf, und fühlte, dass sie mich nicht glücklich machte. Im Gegenteil. Eine tonnenschwere Last fiel von mir. Ich musste mein zukünfti-

ges Leben nicht damit zubringen, Lightnin' Hopkins zu hören. Rolf Zuckowski hörte auch schon lange niemand mehr in der Familie, und warum in Gottes Namen hatte ich CDs von Carole King, Mary Roos und Marianne Rosenberg? Genau, ich hatte 1996 eine Seminararbeit über Frauen im Pop geschrieben.

So stapelte ich alles auf dem leer geräumten Boden meines Arbeitszimmers. Nach Marie Kondo hätte ich das Aussortierte nun in den Hausmüll werfen sollen. Aber ich komme aus einer Nachkriegsfamilie. Meine Omi, die ich jedes Wochenende in Harburg besuchte, musste kein Toilettenpapier kaufen, weil sie stattdessen alte Zeitungen in kleine Fetzen riss, die neben der Toilette bereitlagen. Meine Mutter verbrachte die Samstagvormittage meiner Kindheit damit, die Sonderangebote bei *Magnet* zu studieren, und an der Kasse wurde der Bon von beiden Eltern nachgerechnet, ehe sie bezahlten. So manches Mal waren ihnen vierzig Pfennig zu viel berechnet worden, und dann sprachen wir den Rest des Samstags über die armen Tröpfe, die sich von den Kassiererinnen übers Ohr hauen ließen und so ihr Erspartes verloren.

Zumindest einige Dinge waren wohl kaum noch zu verwenden: die durchgelaufenen Birkenstock-Wandersandalen, der einsame, blau gestreifte Hausschuh mit Bärenmotiv, die abgewetzten und von jeher formlosen schwarzen Stiefel aus den Nuller-Jahren, die beiden kaputten Sicherungsfestplatten, die letzten September simultan abgeraucht waren – vermutlich durch einen Stromschlag, eine eher unfreiwillige

Datenentrümpelung –, das Zahlenschloss, das sich auch nach einer halben Stunde Durchprobieren aller Familiengeburtstage nicht öffnen ließ, die halb vollgekritzelten schwarzen Moleskine-Notizbücher, die Gebrauchsanleitungen und Garantiescheine längst entsorgter Geräte, unzählige Draht- und Holzbügel – mutig stopfte ich alles in große schwarze Müllsäcke, behielt von den Sicherungsfestplatten aber zumindest die Kabel. Wer weiß, vielleicht passten sie zu einem Gerät, das ich mir in Zukunft einmal kaufen würde.

Aber was war mit dem Rest? Dem *SM58*-Mikrofon, den Markern und Kugelschreibern, dem Solartaschenrechner, der Gemüsedämpfeinlage, der Sopranblockflöte von Mollenhauer? Alles noch gut, fast wie neu! Ich bat die Kinder, das Zimmer zu plündern.

»Nehmt euch, was ihr wollt!«, ermunterte ich sie.

Misstrauisch durchkämmte Leo die Stapel. Er war zwölf. Hätte er sich nicht freuen müssen? Er nahm die CD-Aufbewahrungsbox, zwei Robbie-Williams-CDs, Früchtetees aus Taiwan und die Flöte.

»Mehr nicht?«, fragte ich enttäuscht.

»Papa, das ist doch alles alter Kram, den du nicht mehr haben willst.«

Hörte ich da etwas Stimmbruch in seiner Stimme? Nicht noch ein Sohn, der in die Pubertät kam!

»Aber wieso die Sopranflöte?«, wunderte ich mich. Noch vor wenigen Jahren hatte er das Üben so sabotiert, dass wir ihn schon nach drei Monaten vom Unterricht abmelden mussten.

»Da freut sich Omi «, strahlte er. »Ich lern für sie *O Du Fröhliche*.«

Lina entschied sich für die beiden Gedichtbände von Mascha Kaléko, das Feng-Shui-Handbuch, die DVD *Wolkig mit Aussicht auf Fleischbällchen* und zwei japanische Stofftaschentücher. Lukas winkte erst ab, nahm sich dann aber doch *Uhrwerk Orange*, Cola-Weck-mich-Wachmacher-Brause-Bonbons, die *Casino-Royale*-DVD und ein Buch mit Cocktailrezepten.

»Immer nur einen zur Zeit«, mahnte ich. »Auch wenn du schon 19 bist.«

»Läuft, Digger.« Er grinste, als habe er nicht vor, sich an meine Dosierungsanweisungen zu halten.

Ich war unglücklich. Da lagen immer noch Hunderte von Büchern, CDs, DVDs und Schallplatten, Anschaffungswert weit über 2.000, vielleicht 3.000 Euro.

Marie Kondo schreibt: »Wenn wir Dinge wegwerfen, die uns nicht mehr glücklich machen oder noch nie glücklich gemacht haben, dann ist das für die Dinge wie der Beginn einer Reise in eine andere Welt.« Eine andere Welt, genau. Die bunte, weite Welt der Müllverbrennungsanlage.

Zum Glück fiel mir ein, dass es diese App gab, wo man gebrauchte Bücher zum Festpreis verkaufen konnte: *momox*. Ich würde nur zwei, drei Euro pro Buch bekommen, aber immerhin blieben sie als Kulturgut im Umlauf, und die bescheidenen Einnahmen konnte ich einem Waisenhaus in Äthiopien spenden. Ich lud die App herunter und scannte die Bücher. *Lexikon der Fitnessirrtümer*: »Diesen Artikel kaufen wir aktuell nicht an.« *Weizen- und glutenfrei ko-*

chen und backen: »Diesen Artikel kaufen wir aktuell nicht an.« *Mr Moonbloom*, eingeschweißtes Hardcover, 320 Seiten: »Lagerbestand mittel. Nachfrage: keine. Sie erhalten 0,15 €.« Gut, einen Joker hatte ich noch. Die Special-Edition-Doppel-DVD *Die Tribute von Panem*: »Lagerbestand hoch. Nachfrage: Keine. Sie erhalten 0,15 €. Noch 9,70 € bis zum Mindestankaufswert.«

So kam ich nicht weiter. Ich ließ meinen Blick über die Sammlung schweifen: Die Schallplatte *Zauber der Glasharfe*, ein Geschenk meiner Mutter vom Ende der 80er-Jahre. Ein scheußliches, orangefarbenes Indianerhalstuch, das Gastgeschenk einer kanadischen Couchsurferin. Ein uraltes Glas mit Johannisbeergelee, das meine Patentante Ingrid mir mal zu Weihnachten geschickt hatte. Jedes Jahr schickte sie uns diese viel zu süßen Gelees, die niemand mochte – und plötzlich kam mir die Eingebung. Ja, warum war sie mir nicht vorher gekommen? Was da vor mir lag, das waren meine Weihnachtsgeschenke für dieses Jahr! Heiligabend war ja nur noch zwei Wochen hin! Damit konnte ich meine gesamte weitläufige Verwandtschaft beschenken, ohne auch nur eine einzige Ressource unseres erschöpften, blauen Heimatplaneten zu verschwenden, ohne die Umwelt durch Atomstrom, Containerschifftransport und Plastikverpackungen zu verschmutzen, ohne peruanische Minenzwerge und chinesische Wanderarbeiter auszubeuten, ohne die Flüsse in Bangladesch zu vergiften und die globale Erhitzung voranzutreiben. Und ohne auch nur einen Cent auszugeben! Jeder würde

einen Riesenstapel kriegen, als ob es sein fünfter Geburtstag wäre. Die würden Augen machen. Ich fing an, die Sammlung noch einmal durchzusehen, und die Gegenstände ordneten sich wie von selbst.

Die acht Blockflötenorchester-CDs aus Taiwan, die mir die Orchesterleiter in Taipeh und Hsinchu im Juli 2017 persönlich überreicht hatten – waren sie nicht perfekt für meine Mutter, die immerhin bis 1980 als Blockflötenlehrerin gearbeitet hatte? Ebenso der bunte Untersetzer aus Uganda (leider ein Einzelstück), sechs ungelesene Ausgaben der Zeitschrift *Windkanal* und das kritische Sachbuch von Thilo Bode: *Abgespeist. Wie wir beim Essen betrogen werden und was wir dagegen tun können.* Außerdem die CD *Wildes Holz*, die mir irgendjemand mal geschenkt hatte.

Die Frauen-im-Pop-CDs gingen selbstverständlich an meine Schwester Birte, die Gender Studies unterrichtet, dazu die Biografie von Frida Kahlo, die aufrüttelnde Doku *Plastic Planet* von Werner Boote und *100 ideas für work-life-balance* – meine Schwester war Workaholic wie ich, und das Buch hatte ich mir damals in Lexington gekauft, seither aber nie reingesehen.

Mein Bruder Matze war lange Entertainmentdirektor auf einem Hurtigruten-Kreuzfahrtschiff, früher ist er mit seiner Top-40-Band durchs nördliche Niedersachsen getourt. *High Fidelity* von Nick Hornby war doch wie für ihn gemacht! Ich überlegte. Auf keinen Fall durfte er weniger bekommen als meine Schwester, als Mittelkind fühlt er sich immer schnell

benachteiligt. Ich legte noch eine Reihe Bücher dazu sowie den Gemüsedünsteinsatz, Matze sieht immer etwas ungesund aus, vermutlich, weil er sich nie das Rauchen abgewöhnt hat. Genau – *Schlechte Gewohnheiten loswerden in 66 Tagen*. Das rundete seinen Geschenkeberg ab.

Mein Schwiegervater Willi hat sein Berufsleben damit verbracht, Jukeboxes und Glücksspielautomaten im westlichen Saarland zu reparieren, er liebt deutsche Schlager. Auch für ihn gab es reiche Bescherung: The very best of Peter Kraus (*Alle Mädchen wollen küssen*), Bruce Low (*Die Legende von Babylon*), Freddy (*Die Gitarre und das Meer*), Heinz Rudolf Kunze (*Dein ist mein ganzes Herz*) und die 3-CD-Box *Country Stars*.

Und dann ist da noch Evas jüngerer Bruder Werner. Gerade weil ihn niemand aus der Familie mag, habe ich ihn von Anfang an ins Herz geschlossen. In seiner Kindheit wurde er von seinen drei älteren Schwestern gehänselt, als Teenie plagte ihn Akne, inzwischen wohnt er mit Frau und Kindern in der Nähe von Magdeburg, baut Biogasanlagen und holte einmal als Direktkandidat der FDP in seinem Landkreis 3,4 Prozent. Werner begrüßt einen mit »Na? Alles paletti? Dreimal abgesägt und immer noch zu kurz, was?« Er sagt »Schlepptop« statt »Laptop« und fragt: »Na, wo geht's hier zur Keramikabteilung?« Auf Facebook postet er dreimal am Tag Memes wie *Was ist ein Einarmiger beim Kartenspiel? Mischen impossible!* Ihm stellte ich alles zusammen, was mit »Humor« zusammenhing: *Hits mit Witz*, *Der Witz-*

Cocktail: Lachen bis zum Umfallen, die Heinz-Ehrhardt-CD *Was bin ich doch für ein Schelm, Best of Stefan Raab, Die 222 besten Bläserwitze* und eine Sammlung lustiger Postkarten (»Mein Hund ist stumm.« – »Dann gewinnt der bestimmt mal den No-Bell-Preis!«).

Dann gab es noch meine Tante Hedi. Sie ist Hypochonderin und befasst sich hauptsächlich mit Krankheiten. Da passte einiges: *In einem Jahr zu veganer Rohkost, Weizen- und glutenfrei kochen und backen,* dazu die Lebenshilfebücher *Verletzlich ist das neue Stark, Wenn mich jemand sucht, ich befinde mich im Wandel* sowie *Lass los und gewinne! Wie Sie falsche Vorstellungen aufgeben und dafür reich belohnt werden.* Mit falschen Vorstellungen meinte ich ihre Hypochondrie, vielleicht würde sie den zarten Hinweis verstehen. Als Sahnehäubchen legte ich noch die CD *auf mir der farn* dazu, Aphorismen und Gedichte, rezitiert vom Autor selbst, über improvisierter Klaviermusik. Gedichte wie: *beiß in dein fleisch! / tiefer! / fühlst du es sprudeln? / das bist du!* Titel: *nichts – oder doch.* Ich hatte den Autor auf dem 55. Geburtstag eines guten Freundes kennengelernt, als wir beide mit derselben Frau geflirtet hatten, einer jungen Gestalttherapeutin. Mitten im Gespräch hatte er angefangen, seine Gedichte zu rezitieren. Nachher hatte er ihr und mir die CD geschenkt, die er zufällig dabeigehabt hatte.

Ich durchkämmte weitere Stöße, sortierte und verpackte und legte bei jedem Stapel noch einen Marker und zwei Kugelschreiber dazu. Es war fantas-

tisch. Alles, was übrig geblieben war, verstaute ich in zwei Umzugskartons, die ich in meinen Aktenkeller brachte – ein wunderbarer Fundus an Weihnachtsgaben für die nächsten Jahre.

Die Geschenke für Schwager Werner, Schwiegervater Willi und Tante Hedi verschickte ich gleich am nächsten Tag in großen Paketen mit der Aufschrift ERST HEILIGABEND ÖFFNEN! Alle anderen würden wir am zweiten Weihnachtstag sehen. Ich freute mich diebisch. Hunderte von Geschenken – und das, obwohl die anderen für mich höchstens einen Heymann-Gutschein über fünfzehn Euro vorbereitet haben würden!

Heiligabend verbrachten wir mit Bescherung, Singen und vegetarischen Hotdogs und sahen am Ende noch zusammen *Monsieur Claude und seine Töchter*. Schon am Morgen des ersten Weihnachtstages rief Tante Hedi an. Man erkannte es daran, dass es erst lange in der Leitung raschelte und man dann aus weiter Entfernung zwei Blockflöten *O Du Fröhliche* spielen hörte. Hedi mit ihrem Dauersingle-Sohn Jeremias. Es folgten noch *Ihr Kinderlein kommet* und *Kommet Ihr Hirten*, jeweils mehrere Strophen. Es klang schauerlich durchs Telefon. Vielleicht glauben sie, weil ich Blockflötenkomponist bin, könnte ich von diesem Durchs-Telefon-Spielen gar nicht genug kriegen. Normalerweise wäre sie natürlich abends mit Jeremias nach Neumünster gekommen, aber die Familie lehnte ihren neuen Freund, Herrn Busch, ab, und so würde sie allein mit ihrem neuen Freund und *Jerrilein* in Norderstedt bleiben. Ich fand

es traurig, hatte mich aber in meiner sturen Familie nicht damit durchsetzen können, auch Herrn Busch einzuladen.

»Sören, was du uns da aber auch reich beschert hast, dieses Jahr! Ich bin ganz durcheinander!«, rief sie aufgeregt in den Hörer. Sie ist die letzte Person, die ich kenne, die ausschließlich ein Festnetztelefon hat. »Die ganzen schönen Bücher!«

»Kein Problem, Hedi«, gab ich zurück. »*Dafür nech*, wie der Hamburger sagt.«

»Ja, Sörelein, nun sag doch aber mal«, ihre Stimme drehte ins Sorgenvolle, »bist du dir ganz sicher, dass du die *mir* schenken wolltest?«

Ich stutzte. »Äh, Hedi, wieso, äh …«

»Also, *Wenn mich jemand sucht, ich befinde mich im Wandel* – das ist ein *Trostbuch für Hormonreisende*. Also für Frauen in den Wechseljahren. Aber ich bin doch schon über siebzig, mein Spatzelein!«

Der verdammte Untertitel. So weit war ich mit dem Lesen gar nicht gekommen. Die Autorin ist eine Freundin von mir und hatte mir das Buch zum letzten Geburtstag geschenkt.

»Du siehst viel jünger aus!«, versuchte ich die Situation zu retten.

»Ist ja auch egal, mein Sörenchen, ganz schön das glutenfreie Rohkostbuch, und diese Gedichte! Wie ging das eine noch mal? …Jerrilein!«, rief sie laut, »bring doch mal den Lyrikband …« Man hörte Jerrilein, auch schon Mitte dreißig, herantrotten. »Hier«, las sie vor: »*ein herbst weht vorüber / ein winter schmilzt entzwei / ein frühling wuchert*

zu / ein sommer trocknet aus – so ganz versteh ich das nicht, Sörelein! Aber *ganz* toll hast du dir das überlegt!«

Volltreffer. Das Entrümpeln war nicht umsonst gewesen.

Direkt danach rief Werner an. Seine Begeisterung kannte keine Grenze. »Allein diese Karten«, juchzte er ins Telefon, »zum Schrei-en! Hier, warte«, es raschelte. »Wie diese beiden Alten am Grab stehen, und die eine fragt: ›Wieso gehst du immer rückwärts vom Grab weg?‹ Und sie antwortet: ›Mein Mann hat immer gesagt: *Mit deinem geilen Arsch weckst du Tote auf.*‹ Soo lustig! Oder hier: ›Pinkeln unter der Dusche – macht doch jeder‹ ... und der andere ...«

»Ja, fand ich auch total witzig«, unterbrach ich ihn, denn ich musste noch die Geschenke für meine Mutter einpacken.

»... und der andere, halt dich fest: ›Aber nicht im Baumarkt!‹ Schwager, wir haben gestern durchgelacht unterm Baum!«

Ich hatte alles richtig gemacht. Ich musste nur noch mit dem Einpacken fertig werden. Meine Mutter beharrt nämlich darauf, dass jedes Geschenk selbst eingepackt werden muss – und zwar ohne Tesafilm. Ich brauchte den großen Reisekoffer, um alle Geschenke zu verstauen.

»Du hast jetzt aber nicht ...«, sagte Eva und sah mich ungläubig von der Seite an, als wir kurz vor eins die Treppen runterstiegen, »du hast nicht ... du schenkst denen nichts von dem Schrott, den du vor zwei Wochen den Kindern angeboten hast?«

Mir wurde leicht übel. Das war der Schwach-punkt meiner Strategie: Eva und die Kinder wuss-ten Bescheid, und wenn ich die Kinder jetzt um Ver-schwiegenheit bat, würden sie als Allererstes damit herausplatzen. Aber warum sollte es überhaupt Pro-bleme geben? Bei Hedi und Werner war es ein voller Erfolg gewesen!

Seit dem Tod meines Vaters wohnt meine Mut-ter alleine in dem riesigen Haus in Neumünster, ir-gendwie sieht es jetzt noch größer aus. Nur einmal im Jahr ist es voll, am ersten Weihnachtstag, wenn Birte mit Kathleen aus Kentucky anreist, wir fünf aus Hamburg und mein Bruder Matze mit seinem Sohn Maciej (gesprochen *Matschey*), der nach der Scheidung von Basia noch anstrengender geworden ist, da er nun zwischen Wrocław und Tötensen pen-deln muss. Meine Mutter hatte die letzten Wochen mit Keksebacken, Dekorieren und Vorkochen ver-bracht. Jedes Geschenk hatte sie mit einem selbst aus-geschnittenen roten Weihnachtsstern und einem Hei-desandkeks dekoriert. Unbemerkt verteilte ich meine Geschenkeflut vor dem zweieinhalb Meter hohen Baum. Als ich mich umsah, wurde mir klar, warum meine Eltern immer größere Häuser gebraucht hat-ten: Um in der Adventszeit den Erzgebirgsschmuck unterzubringen, den meine Mutter seit siebzig Jah-ren sammelt.

»Wann ist endlich Bescherung?«, quengelte Ma-ciej schon bei der Suppe.

»Erst ganz am Schluss, mein Herzelein«, be-schied meine Mutter.

»Wie langweilig!«, sagte Maciej. »Wo ist mein Haufen? Ich will auspacken!«

Umso schlimmer für ihn, dass nach zwei Stunden Essen, einer Stunde Weihnachtsspaziergang zum Grab meines Vaters und einer weiteren Stunde Kaffee und Apfelkuchen Leo seine Sopranblockflöte hervorholte, sich mit seinem dunkelroten Seidenhemd und seinen nach oben gegelten Haaren vor der zwei Meter breiten Krippe aufstellte, in der die Ankunft der Heiligen Drei Könige und der Hirten samt ihrer Herden mit handgeschnitzten Figuren nachgestellt war, und *O Du Fröhliche* spielte. Auswendig! Meiner Mutter standen Tränen in den Augen. Bei *Es lagen die Hirten im Felde bei Nacht* sang sie spontan mit; bei *Es ist ein Ros entsprunge*n fing sie an zu schluchzen. Maciej bohrte demonstrativ in der Nase und streckte die Beine in die Luft.

»Nun sollten wir aber langsam mal mit der Bescherung anfangen«, drängte Birte. 88 Baumkerzen brannten seit geraumer Zeit, neun Leute dicht an dicht, die Luft enthielt schon jetzt kaum noch Sauerstoff.

»Mutti, du hast dich ja mal wieder selbst übertroffen«, schwärmte Birte. »Welchen Weihnachtsbasar hast du denn geplündert?«

»Von mir ist das alles nicht«, sagte meine Mutter. »Das war wohl der Weihnachtsmann!«

Lina prustete, hielt sich aber sogleich die Hand vor den Mund.

Maciej, als Jüngster, durfte anfangen. Er freute sich wie ein Schneekönig über die vielen Rolf-

Zuckowski-CDs, die ich ihm eingepackt hatte. Ich muss sagen, ich hatte ihn über all die Jahre unterschätzt.

Birte blickte etwas skeptisch auf Carole King, Marianne Rosenberg und Mary Roos, bis ich ihr klarmachte, was sie da in den Händen hielt: einen repräsentativen Querschnitt früher weiblicher Popmusik. Ich hatte von meinem Vater die Angewohnheit geerbt, dem Beschenkten immer genau zu erklären, was an dem Geschenk besonders gut war.

»Popmusik als kultureller Code«, erklärte ich, »war über Jahrzehnte eine reine Männerdomäne. Und Rosenberg war nicht umsonst eine Ikone der frühen Schwulenbewegung ...«

Birte sah ihre Kathleen skeptisch an und fuhr dann mit der Hand über die CD-Hüllen, die leider nicht mehr ganz neu aussahen. »Das ist ganz süß, Sören, aber ich hab doch längst keinen CD-Player mehr, ich hab Spotify!«

Keinen CD-Player. Ich war verwirrt. Meine Schwester war 51. Wenn nicht mal sie einen CD-Player hatte, wer dann?

Meine Mutter packte *Die Essensfälscher* aus.

»Oh, Thilo Bode«, sagte sie anerkennend. »Ein toller Mann. Da kam neulich ein Interview mit ihm auf *NDR Info*.« Das hörte sie von morgens bis abends. »Ist der nicht bei, äh ...«

»Foodwatch«, sagte ich. »Früher Greenpeace.«

Sie blätterte durch das Buch. »*Gute Lebensmittel nur für Reiche* ... ja, schlimm ist das ...« Sie hatte sich in den letzten Jahren immer von der Linkspar-

tei zu dreitägigen Berlin-Ausflügen einladen lassen, in denen ihr erklärt wurde, dass Reiche bei uns viel zu wenig Steuern zahlen würden. Von diesen Steuern wurden dann diese Berlin-Ausflüge bezahlt.

»Aber sag mal, Spatzelein«, sie blickte auf die erste Seite, »von 2007? Ist das denn noch aktuell?«

»Ein Klassiker«, erwiderte ich cool. »Die Lebensmittelampel gibt's immer noch nicht – eine Riesensauerei!«

Wieder prustete Lina. Leo flüsterte ihr etwas ins Ohr, dann kicherten sie noch mehr. Wenn sie nur die Klappe halten würden!

»Wer flüstert, der lügt!«, ermahnte meine Mutter Leo.

Mein Bruder packte Nick Hornby aus und betrachtete das Cover zwei Sekunden lang ungläubig.

»Also, ich sag mal so«, er sah mich aus dem braunen Ledersessel an, der unser Wohnzimmer schon in Offenau 1976 geziert hatte, »ich fand das 1996 schon überschätzt, aber … ganz lieb gemeint!«

Stutzig wurde er erst beim nächsten Buch: *Schlechte Gewohnheiten loswerden in 66 Tagen.*

»Willst du mir damit irgendeine geheime Botschaft übermitteln?«, fragte er leicht sarkastisch.

»Dass du schlechte Gewohnheiten hast!«, jubelte Maciej. »66 schlechte Gewohnheiten! Du rauchst! Du rülpst! Du pupst!«

»Ist gut«, unterbrach ihn Matze.

»Rülps-Papa! Pups-Papa!« Er wollte gar nicht aufhören.

»Nun reicht es, mein Herzelein«, ging meine Mut-

ter dazwischen. »Wir haben Weihnachten!« Sie war bei den taiwanesischen Blockflöten-CDs angelangt.

»Ich kann das gar nicht lesen«, bemerkte sie. »Ist das chinesisch? Oder japanisch?«

»Das ist das Blockflötenorchester aus Kaosang aus dem Süden Taiwans«, erfand ich spontan. »Unter der Leitung von Yung-Tai Liu.«

»Und die spielen Sachen von dir?«

Ich seufzte. »Mutti, nicht alle Blockflötenorchester spielen immer nur Sachen von mir.«

»Aber dann hör ich lieber Vivaldi!«, erklärte sie.

»Die spielen auch Vivaldi«, beruhigte ich sie. »Und taiwanesische Volksliedbearbeitungen ...«

»Aha.« Missmutig blickte sie auf das Cover mit den chinesischen Schriftzeichen über einer Seenlandschaft. »Ein Blockflötenorchester also. Und woher kommen die, sagtest du?«

Mein Bruder gelangte zum ersten großen Hardcover: *Heimwerken leicht gemacht.*

»Brüderchen«, rief er aus, »da kann ich ja endlich mal lernen, wie man spachtelt! Aber ... meistens bin ich ja auf den Roadshows, die ich organisiere, ... und zweitens schon 47 ...«

»Nu mal nicht so faul!«, spottete Birte, die sich gerade über *Plastic Planet* gefreut hatte. Alles, was irgendwie gegen Konzerne, Industrie und Kapitalismus ging, versetzte sie in Hochstimmung.

Nachdem Leo sich über *Cat Warrior* gefreut hatte, Lina über ein Aquarellset und Lukas etwas weniger über die von meiner Mutter selbst gestrickten dunkelbraunen Wollsocken, packte meine Mut-

ter Matzes Hauptgeschenk aus, das japanische Koch-messer *Santoku* von Manufactum. Alle Achtung. Es hatte bestimmt mehrere Hundert Euro gekostet und würde mindestens so lange halten wie die Asteroid-schwerter der japanischen Kaiser. Nun packte meine Mutter mein nächstes Geschenk aus, eine CD von *Wildes Holz*, einem Trio aus Blockflöte, Kontrabass und Gitarre.

»Na, das ist mal wirklich toll«, freute sie sich. »Davon hat Hedi immer so geschwärmt!« Sie klappte die CD auf. Ein Zettel flog heraus. Um Gottes willen, was für ein Zettel?

»Das ist ja sogar Hedis Schrift«, rief meine Mutter und ging mit dem Zettelchen ganz nah an die nächs-te Kerze, um es zu entziffern. Meine Tante schrieb ihre Grüße immer in Mini-Buchstaben. Das war das Ende. Die Katastrophe war da. Ich sah es auch in den Augen der Kinder. Lina hielt sich schon beide Hände vor den Mund, um nicht laut loszulachen.

»Mein liebstes Sörelein«, las meine Mutter, »das hier ist eine gaanz tolle CD von einer Gruppe hier aus der Gegend. Hör doch mal rein. Vielleicht kannst du mal was für die schreiben? Deine Hedi.«

Stille. Gern wäre ich jetzt irgendwo anders gewe-sen. Möglichst weit weg. In Wrocław. Oder Kentucky.

»Das hat Hedi dir mal geschenkt?«, fragte meine Mutter, noch ganz ruhig.

Erst prustete Lina los, dann kicherte auch Birte, die ich immer für ihren albernen Humor geliebt habe.

»Ich finde das gar nicht komisch!«, sagte meine Mutter bitter. »Ich hab den Eindruck, Sören, du hast

dir dies Jahr überhaupt keine Mühe gegeben. Diese ganzen merkwürdigen Sachen … Wo hast du bloß den ganzen Kram her?«

Leo lag lachend auf dem Boden. Er kriegte keine Luft mehr.

»Was ist denn? Wieso lachst du denn so, mein Herzelein?«, fragte meine Mutter ungehalten.

»Alles gut«, sagte Lukas. »Ich glaub, ich bin wieder dran mit Auspacken …

»Nee, sag doch mal«, insistierte meine Mutter. Ich spürte, wie Eva sich instinktiv ein Stück von mir wegsetzte.

Lukas räusperte sich. »Is' doch ganz gechillt«, sagte er mit seiner leicht krächzigen, an den frühen Tom Waits erinnernden Stimme, »Papa hat halt mal wieder so'n neues Buch gelesen. *Magic Cleaning.* Dann hat er tagelang ausgemistet. Und dann …«

»Du schenkst uns deinen Müll?« Meine Mutter sah mich entgeistert an. »Matze stürzt sich in Unkosten, Birte lädt mich in die Elphi ein – und du bringst deinen Schrott her? Und verpackst ihn als Geschenk?«

»Omi«, piepste Lina, »das ist jetzt echt ungerecht. Überleg doch mal, wie vernünftig das ist. Unserem Planeten geht's so schlecht. Secondhand-Schenken ist total der Trend. Spart Ressourcen, Energie und CO_2.«

»Und Geld!«, ergänzte Matze.

Ich sah auf die Berge, die da noch lagen, und mir wurde mulmig. Die Gemüsedünsteinlage, *Das große Buch der Hauspflanzen, Acoustic to Electric Blues*

und das Johannisbeergelee waren noch gar nicht aus-gepackt. Nicht zu reden von den Kugelschreibern.

»Kann ich jetzt endlich weiter auspacken?«, ret-tete mich Maciej. »Ich dachte, ich krieg 'ne Kugel-bahn. Was ist damit?«

Ein ganz lieber Junge.

Die Rückfahrt über konnten sich meine Kinder vor Lachen kaum einkriegen.

»So krass, Papa«, rief Lukas. »*Ist das nicht Hedis Schrift?*«, ahmte er meine Mutter nach.

»Ist 'n Klassiker! Von 1917!«, imitierte Lina mich.

»Rülps-Papa, Pups-Papa!«, zitierte Leo seinen Cousin. So sehr vergnügt hatten die drei sich lange nicht.

Eva und ich stritten uns bis drei Uhr nachts, ich schlief im Wohnzimmer auf der Couch, vorm unbe-leuchteten Weihnachtsbaum.

Am nächsten Mittag rief mein Schwiegervater Willi aus St. Ingbert an.

»Sören«, seine Stimme kratzte wie einst die von Hans Hartz, »ganz lieben Dank, toll, diese Kompakt Disks.« Willi hatte als Kind Russisch gelernt und sprach alle englischen Wörter deutsch aus. »Aber«, lachte er, »wir hatten doch nie einen CD-Spieler, wir haben doch alles auf Cassette.« Er sagte *Kasette,* mit weichem s. »Eva hat mir erzählt, dass du ausgemistet hast und alles zu Weihnachten verschenkt. Eine tolle Idee«, bemerkte er anerkennend.

Opa Willi. Ich wusste nicht, was ich mehr liebte: seine heisere Stimme oder seine Unkompliziertheit.

»Weißt du, Sören, da bin ich mal im Keller meine Singel-Sammlung durchgegangen und hab aussortiert.« Er sagte *Singel*, mit weichem S. »Die Hälfte davon hab ich dir eingepackt in zwei große Kisten, sind schon unterwegs zu dir.«

»Die Hälfte?«, fragte ich ängstlich.

»Vielleicht so dreihundert, vierhundert Singels. Ich hab nur behalten, was mir auch wirklich gefällt. Was soll ich auch mit dem ganzen andern Mist?«

Natürlich, was sollte er damit. Aber – was sollte *ich* damit?

»Aber nicht, dass du mich missverstehst, sind ganz tolle Sachen dabei, ganz frühe Scheiben von Michael Holm und Jürgen Marcus. Raritäten. Zum Teil echt klasse. Und alles fast wie neu! Du hast doch einen Plattenspieler, oder?«

XOXO

Weihnachten ist ein Dämon. Erwachsene sind digitale Idioten. Und Pilze können Ehen retten, selbst wenn sie dich ins Krankenhaus bringen.

Eigentlich ist es doch so einfach: Wenn man sich nicht leiden kann, soll man sich aus dem Weg gehen. Warum sollte das an Weihnachten anders sein? Zugegeben, in meiner Familie ist es besonders kompliziert. Omi Hedi zum Beispiel hatte nach Opas Tod einen neuen Freund, Herrn Busch. Den durfte sie nicht mitbringen zu Weihnachten, weil Mum und Dad ihn hassten. Im April ist Herr Busch gestorben, und seitdem hassen Mum und Dad ihn noch mehr. Denn bei der Testamentseröffnung saß da plötzlich noch eine andere Frau: Mitte vierzig, Riesencups, aschblond, irgendwo aus Osteuropa. Omi sah sie zum ersten Mal. Irena. Die hat alles geerbt. Mit Omi Hedi ist Herr Busch ins Theater gegangen und ins Konzert. Mit Irena ins Bett. Omi Hedi war so geknickt, dass sie drei Monate später starb. Einfach so. Ich mochte Omi Hedi. Mir tut auch die Sache mit Irena leid. Aber andererseits, Herr Busch

hatte auch nur ein Leben. Und vielleicht war Omi Hedi miserabel im Bett.

Mum und Dad sollen mal nicht zu viel herziehen über Herrn Busch. Und da komm ich auf die Sache mit den digitalen Idioten. Wenn man sich per Mail zum Fremdgehen verabredet, sollte man auch seinen Account abmelden, nachdem man am Familiencomputer war. Wir haben einen Mac für alle in Papas Arbeitszimmer, 27 Zoll, riesig groß. Ich geh da abends auf Facebook. Und ich weiß nicht, wie oft Mum und Dad vergessen haben, ihren Account abzumelden. Ich weiß jedenfalls alles über sie. Von Papas Verlauf weiß ich, auf welchen Sexseiten er surft. Sogar, welche Kategorie er da immer anklickt. Latinas. Kein Wunder, Mum ist so ziemlich das Gegenteil von einer Latina. Ich weiß auch, auf welchen Fremdgehportalen er unterwegs ist: *meet2cheat*, *ashley-madison* und *first-affair*. Wenn jemand mal gucken will, er nennt sich *alstereastwood*. Anscheinend hält er diesen Nickname für ungeheuer sexy, denn er heißt auf allen drei Portalen so. Er wechselt beim Chat ziemlich schnell in seinen privaten GMX-Account, so dass ich das gut verfolgen kann. Ich wundere mich immer über seine Ehrlichkeit. Eigentlich, schreibt er den *desperate housewives*, die sich da angemeldet haben, sei er zufrieden mit seinem Leben, nur eben: seine Frau. Die sei halt so desinteressiert. Sexuell. Leider. Dann fantasiert er über Herzklopfbegegnungen in einem Luxushotel. Und zwar so langweilig, dass es ihm höchstens einmal im Monat gelingt, eine *meet2cheat*-Schnecke ins Hotel zu schleifen. Für drei Stunden.

Danach werden die Frauen ganz romantisch, aber *alstereastwood* meldet sich nie wieder. Wahrscheinlich sind die Frauen total begeistert, dass er weder älter noch kleiner noch fetter war als auf dem Foto. Dad kann nämlich nicht lügen. Aber er ist wohl entsetzt, dass sie viel älter, kleiner und fetter waren als auf dem Foto. Und sucht weiter.

Mum ist in Wirklichkeit überhaupt nicht desinteressiert. Sie hat im Juni auf einer Wim-Wenders-Ausstellung Raffael kennengelernt. Einen Fotografen. Dem mailt sie täglich mindestens dreimal. Sie schildert ihm praktisch jede einzelne Empfindung, die ihr pro Minute durch den Kopf geht. Vor allem, wie prüde, stumpf und abstinent Papa ist. Irgendwann haben sie angefangen, sich zu treffen, und er hat sie fotografiert. Das macht Frauen wehrlos. Ich glaube, Fotografie ist überhaupt kein Beruf. Dass man damit auch nur einen Cent verdienen kann, täuschen diese Raffaellos nur vor. Ihre einzige Absicht ist es, kunstsinnige Frauen wie meine Mutter abzuschleppen. Ich werde auch mal Fotograf. Jedenfalls haben Mum und Raffael offenbar besseren Sex als Dad jemals in seinem Elysée-Hotel zustande gebracht hat. Und das Ganze ist wesentlich billiger.

Ich mische mich da nicht ein. Es ist nur so eine Art Daily Soap. Inzwischen weiß ich natürlich auch ihre Account-Kennwörter. Mama hat *CACHJOOL*. Für CAroline (sie), CHristian (Dad), JOnathan (ich) und OLe (mein nerviger kleiner Bruder). Papa hat *christian1974*. Diese Kennwörter haben sie nicht nur bei ihrem Computer- und Mail-Account, sondern

auch bei der Postbank, bei Amazon, der Deutschen Bahn und eBay. Ich hab das mal in *ComputerTest* gelesen: 75 Prozent aller Frauen bilden ihr Kennwort so wie Mama. Und 98 Prozent der Männer so wie Papa. Also, von der kleinen Minderheit, die nicht 123456 benutzen. Ich sag ja, Erwachsene sind digitale Idioten.

Diesmal hat der Weihnachtsdämon uns Onkel Matze und Marie geschickt. Onkel Matze ist Mamas großkotziger Cousin, und Marie ist seine verwöhnte französische Frau. Papa kann die beiden nicht ausstehen. Ich noch weniger. Aber der Dämon hat ihm den Mund versiegelt, als die beiden vorschlugen, uns am ersten Weihnachtstag zu besuchen.

»Wie schön«, hat der Dämon ihn sagen lassen. »Kommt ihr zum Kaffeetrinken?« Ihre beiden verkorksten Kinder haben sie auch mitgebracht. Hélène ist sechzehn und schüchtern wie ein Stück Weißbrot. Und Maciej ist sechs und genauso ein Kotzbrocken wie sein Papa. Ich kann kaum glauben, dass Onkel Matze irgendwie mit uns verwandt ist.

Mit Papa ist es so: Er ist Mitte vierzig, mittelgroß, verdient als mittlerer Ingenieur bei Airbus mittelgut, sieht mittelgut aus, und das reicht ihm vollkommen. Es stört ihn nicht, dass wir auf der falschen Elbseite wohnen, dass unser Häuschen so winzig ist und seine Karriere bereits beendet. Er ist alles andere als ein Held. Aber er würde auch nie so tun, als wäre er einer. Und genau das ist der Unterschied. Matze hat so was tiefgekühlt Frisches, einen angesagten Dreitagebart, eine wuchtige, dunkelbraune Trendhornbrille, ein ener-

giegeladenes Lächeln und einen hochgeschlagenen Hemdkragen. Und das Hemd ist knallgrün. Vermutlich muss er irgendwie kompensieren, dass er nicht in Hamburg wohnt, sondern in Tötensen, in einem Haus, das seine Eltern ihm in seinen 20ern gekauft haben. Matze übt merkwürdige Berufe aus. Früher war er »Entertainmentdirektor« auf einem Kreuzfahrtschiff. Heute ist er »Eventmanager«. Für Big Player wie GlaxoSmithKline oder Vattenfall oder die Haspa organisiert er *Incentives* und *Roadshows*, darüber redet er ununterbrochen und versucht dabei, *Glamour* auszustrahlen. Deshalb hat er auch diese schmuckbehängte, überschminkte Französin geheiratet und trinkt Rotwein aus dem Languedoc ab sechzig Euro pro Flasche. Mein kleiner Bruder Ole findet Matze natürlich toll. Er sprang an ihm hoch, als er hier ankam, ein teures Geschenk witternd. Und in dem Moment, als Ole an ihm hochsprang, machte Matzes *iPhone* dieses Eisenbahnsignal für eingehende SMS, Matze sah auf die SMS, und Ole fragte sofort, ob er auch Spiele auf dem *iPhone* habe. Er grapschte sich das Teil, wischte zweimal übers Display und quietschte auf, als er *Doodle Jump* entdeckte. Matze lachte gekünstelt, und Ole verschwand mit dem Ding in seinem Zimmer. Dann beugte Matze sich zu Maciej und schlug ihm vor, Ole hinterherzugehen. Maciej quengelte »Nein!« und hielt sich an Matzes Hosenbein fest. Matze laberte dann noch fünf Minuten in Maciejs Ohr, aber der machte nur abwechselnd fiepende, jaulende und meckernde Geräusche. Es endete damit, dass Matze den strampelnden Maciej in Oles Zimmer schleppte.

So sind Erwachsene. Sie glauben immer, ihre Kinder müssten sich verstehen, bloß weil sie ungefähr gleich alt sind.

»Zeig Hélène doch mal dein Zimmer!«, sagte Mum. Ich ging mit ihr die Treppe hoch. Hélène ist eine *Jugend-musiziert*-Gewinnerin, die noch nie aufm Kiez war und Absinth für eine ansteckende Krankheit hält. In meinem Zimmer starrte sie auf die Zigarettenpackungen, die an meiner Wand kleben. Ich sammle nämlich diese Rauchen-macht-Mundgeruch-und-Alzheimer-Sprüche. Aber trotz ihres 1,4-Schnitts erschloss sich ihr die Ironie meiner Sammlung nicht. Ich chillte mich aufs Sofa, sie setzte sich im Schneidersitz auf den Teppich. Anscheinend mochte sie nicht neben mir auf dem Sofa sitzen, aus Angst vor einer Spontanvergewaltigung.

»Das ist Steffi«, machte ich meinen üblichen Eröffnungswitz, weil mir nichts Besseres einfiel.

»Wer?«, fragte sie mit ihrer Mausestimme.

»Das Schlafsofa«, erklärte ich. »Heißt Steffi.« Sie guckte sich verstohlen die Graffiti an meiner Wand an.

»Aha«, sagte sie. Ohne das Gesicht zu verziehen. Die ganzen restlichen Witze – *ich schlafe auf Steffi, ich lieg so gern auf Steffi* – konnte ich mir anscheinend sparen. Wir quälten uns durch ein bisschen Nach-Heiligabend-Konversation, zählten unsere Geschenke auf. Nachdem sie die Filmplakate (*X-Men, American Pie, Alien 4*) und meine Bücherwand (*Barney's Playbook, Harry Potter, Mickey Mouse*) einmal aus den Augenwinkeln abgescannt hatte, sah sie stur zu Boden.

Arme Hélène. Stieftochter von Matze zu sein ist nicht gerade ein Traumjob. Sie kommt nämlich aus Maries erster Ehe mit einem französischen Koch. Ich kann mir vorstellen, wie Matze *seinen* Kleinen täglich bevorzugt. Dafür betont er immer, Hélène sei nicht sein Stiefkind, sondern seine *Bonustochter*. Und er ihr *Bonusvater*. Na ja, den *Bonusvater* möchte ich nicht geschenkt haben. Nach drei Minuten Stille, die sich wie zwei Jahre anfühlten, schlug ich vor, zu den Kleinen rüberzugehen. Sie wisperte, sie würde ins Wohnzimmer runtergehen, aber in einer Lautstärke, die nur Flöhe wahrnehmen können.

»Lass das Teil los!«, sagte Ole gerade zu Maciej, als ich reinkam. Maciej dachte natürlich nicht daran. Er umkrallte mit seinen klebrigen Fingern den halben *ARC 170 Starfighter* von Lego, den ich heute mit Ole zusammen aufgebaut hatte. Sein Hauptgeschenk.

»Lass das los!«, wiederholte Ole.

»Gar nicht!«, widersprach Maciej. Zur Bekräftigung demontierte er ein Triebwerk an der rechten Seite des Raumschlachtschiffs.

»Pass mal auf, mein Freundchen, so läuft das hier nicht!«, krächzte ich, packte das kleine Ekelpaket, schleppte ihn zu den Erwachsenen ins Wohnzimmer und kehrte zu Ole zurück, um weiterzubauen. Lego-Raumschiffe Aufbauen macht süchtig, auch wenn man schon achtzehn ist. Außerdem ist Oles Euphorie ansteckend. Er quasselte ununterbrochen, während ich die Teile fürs Cockpit zusammensuchte. Dann pfiff wieder die Eisenbahn aus Matzes Angeberphone. Es lag bei uns auf dem Boden. Ich konnte nicht anders.

Ich blickte drauf. Die SMS war zu lesen. So ist das nun mal, das hat Apple so voreingestellt. Das nennt sich Vorschau. Natürlich kann man das auch deaktivieren. Leute wie mein Buddy Niklas und ich tun das. Aber Erwachsene sind eben digitale Idioten. Ich nahm das Teil, starrte noch mal auf den Text, und in dem Moment kam Mum rein. Sie wollte natürlich, dass wir Maciej zurücknehmen, aber sie sah, wie ich auf Matzes *iPhone* starrte.

»Was machst du da?«, fragte sie, nahm mir das schwarze Telefon aus der Hand und las selbst. Drei Mal, genau wie ich. Nur Ole plapperte weiter darüber, auf welcher Plattform des *Starfighters* Anakin Skywalker gegen Darth Maul antreten könnte.

Ich flüsterte Mum ins Ohr: »Du lässt jetzt das Angeberphone einfach in Oles Regal liegen. Alles andere ist zu auffällig.«

Mum sah mich an, als wäre ihr jetzt, drei Monate nach meinem achtzehnten Geburtstag, zum ersten Mal klar geworden, dass ich kein Kind mehr war. Sie legte das Matzephone ins Regal und schlich in Zeitlupe die Treppe runter. Ich schätze, sie dachte dabei an Raffael. Und an *Angelina*. Ich ging zurück zu Ole.

»Was meinst du, Joni, könnte Thor Darth Maul schlagen? Nur mit seinem Hammer?«

Ole könnte stundenlang darüber philosophieren, ob Darth Vader stärker ist als Lord Voldemort oder Batman. Für ihn sind alle diese Superhelden gleich real. Und für mich sind alle Erwachsenen gleich zum Kotzen. »halt durch, schätzchen. noch drei tage bis zu unserem we. xoxo angelina«. Ich sage ja, alle Erwach-

senen sind unglücklich. Alle hassen sie ihren Partner. Ich mag Marie auch nicht. Aber warum trennt sich Supermatze dann nicht von ihr? Mir wurde hundeelend. Man kann schlecht über die Menschen denken, trotzdem trifft es einen wie ein Holzbalken, wenn sie es einem *beweisen*, wie einhundertfünfzigprozentig verlogen sie sind. »xoxo angelina«. Dad hätte nicht mal gewusst, dass *xoxo hugs and kisses* bedeutet. Und Marie vielleicht auch nicht. Diese ganze Lügerei machte mich depressiv, und da fielen mir die Pilze wieder ein. Niklas hatte sie mir geschickt, aus Amsterdam, aus einem dieser Smart Shops. »Wie's dir auch geht«, hatte er dazugeschrieben, im Oktober zu meinem 18., »danach wird's dir besser gehen.« Und die Pilze hatten noch einen Vorteil: Man roch sie nicht. Eine Absinth-Fahne unter der Sechsunddreißig-Kerzen-Edeltanne, das musste nun wirklich nicht sein.

Ole war so vertieft in die Aufbauanleitung und seine Schlachtpläne, er kriegte nicht mit, wie ich dasaß und einen getrockneten kubanischen Kahlkopf nach dem anderen auffutterte. Und mit Kaffee aus meiner eigenen Senseo nachspülte. Gleich würde es mir besser gehen.

Irgendwann kam Hélène reingetapert.

»Ihr sollt zum Kaffeetrinken kommen«, wisperte sie. Die Pilze hatte ich zum Glück schon aufgegessen.

»Gleich«, krähte Ole. »Nur noch dieses Teil hier!«

Hélène stand am Bücherregal, scannte auch dessen Bestand (*Das magische Baumhaus*, *Karlsson vom Dach*, *Schlimmes Ende*, *Cat Warrior*, jeweils

alle Bände). Und sah das *iPhone*. Scheiße. Sie nahm es sogar in die Hand. Guckte drauf. Verzog keine Miene. Und setzte sich dann zu uns auf den Boden. Mann, tat sie mir leid. Mir wurde richtig übel. Oder waren das die Pilze? Ich tippte jedenfalls in die Notizfunktion meines Handys: *Mach dir nichts draus. Ist bei meinen Eltern genauso.* Und reichte ihr das Teil. Sie guckte nur kurz drauf. Wirklich nur eine Hundertstelsekunde. Hatte sie es überhaupt gelesen? Ich glaube, ja. Ich glaube, daher kommen ihre ganzen Einsen. Sie liest etwa hundertmal schneller als ich.

»Alter, es ist so krass! Das ist das größte Event, das Hamburg je hatte! Auf hundert!«

Ich kann kaum sagen, was mich an Matze am meisten nervte: dass er sich genau in die Mitte des langen Tisches platziert hatte, als wäre er der Hausherr; dass er die von Mama so liebevoll mit Spekulatius, Heidesand, Apfelstreuselkuchen, russischer Crema, selbst gebastelten roten Engeln und Bienenwachskerzen drapierte Kaffeetafel völlig ignorierte und nur von seinen Großprojekten palaverte? Oder dass er dabei mit seinen achtundvierzig Jahren redete wie ein Teenager? Also, genauer gesagt, wie die Typen, die in Trauben und mit in den Knien hängenden Hosen und aus den Ohren heraushängenden weißen Ohrstöpseln und germanisch aussehenden Tattoos und kahlrasierten Schädeln bei McDoof rumhängen. Na ja, irgendwie muss so ein Möchtegern-Womanizer ja mit seiner Midlife-Crisis zurechtkommen.

»April nächstes Jahr, ich sag euch, ich habe jetzt schon alle Hotels gebucht. Buchstäblich alle. Eine

Woche *O2 World*. Der absolute Wahnsinn. Keine Ahnung, wie ich das alles händeln soll …«

Er tat so, als bereite er das ABBA-Comeback vor. Aber in Wirklichkeit ging es wahrscheinlich nur um den Weltkongress der Klopapierhersteller. Wem wollte er eigentlich an diesem Kaffeetisch was beweisen? Die Pointe der Story ist, dass mein sturzlangweiliger Ingenieursvater wahrscheinlich doppelt so viel verdient wie dieser grün behemdete Wichtigtuer.

»Aber wisst ihr, was der Typ gesagt hat? *Ich geb das in keinen Pitch*, hat er gesagt. *Ich will, dass Sie das für uns machen!*

Normalerweise hätte ich jetzt weinen oder schreien müssen. Aber zum Glück begannen die Pilze zu wirken. Eine unendliche Gechilltheit breitete sich in meinem ganzen Körper aus. So relaxt war ich wirklich lange nicht gewesen. Vor allem nicht an Weihnachten. Matzes angestrengt überlaute und übergut gelaunte Stimme konnte ich wie mit einem Volume-Regler runterziehen und stattdessen die Wärme des Kerzenlichts tanken. Sie umhüllte mich wie ein Norwegerpullover.

»So viele 450-Euro-Jobs kann ich gar nicht vergeben, wie ich da brauche, … ich meine, wenn das steil geht, krieg ich Anschlussaufträge ohne Ende! Aber das ist so Hammer viel Arbeit, ich muss sogar jetzt am Wochenende keulen …«

Er machte eine winzige Sprechpause, um sich ein unangemessen großes Stück Apfelkuchen mit einem zu großen Klacks Sahne in den Mund zu schieben. Marie sah ihn bewundernd an. Sie

schnallte nichts. Wochenende. Keulen. »xoxo angelina«. Und dann sah ich Mama an. Sie hatte keine Kahlköpfe gekaut. Sie musste dieses Dumpfbackengebrabbel ungefiltert auf ihre Nerven einprasseln lassen. Ich sah, wie es in ihr arbeitete, während sie ihren Latte macchiato schlürfte. Matze redete umgehend mit vollem Mund weiter und schilderte en détail, wie Frank Zander bei einer Kieferorthopädengala betrunken von der Bühne gefallen sei. Ich glaubte ihm kein Wort. Frank Zander, dachte ich, hat den deutschen Hip-Hop erfunden. Und du Vollidiot organisierst Weihnachtsfeiern für Kieferorthopäden. Ich drehte den Regler noch leiser. Am Wochenende arbeiten. Und Marie lächelte bewundernd. Ohne Pilze würde ich jetzt kreischend unterm Tisch liegen. Hahahohohihi.

»Ist es nicht schade«, sagte Mama übergangslos, »dass Hedi dieses Jahr zum ersten Mal nicht mehr dabei ist?«

Stille. Das war genial. Ich liebe Mama. Ich meine, sie kann nicht kochen, das Kaninchen heute Mittag war noch fast roh. Und ihre Aquarelle werden auch niemals irgendwo anders hängen als in diesem kleinen Häuschen in Finkenwerder. Aber ich liebe sie einfach ganz doll. Und als sie jetzt Matze gestoppt hatte, liebte ich sie ganz besonders. Es war ein riesiges blaues Gewässer-Gefühl, das von meinen Finger- und Fußspitzen durch meinen Körper strömte, vier Ströme flossen zu meinem Herzen, das vor Glück puckerte und mir zuflüsterte, dass ich die beste Mum der Welt habe. Und dass ich jetzt Heidesand essen

solle. Obwohl mir ganz übel war von Matzes Gelaber. Und meine Zunge sich ziemlich merkwürdig anfühlte. So pelzig. Wie ein Koalabärfell. Oder die Oberfläche des Mondes.

»Die ganze Generation ist jetzt einfach weg«, fügte Mama leise hinzu. Es stimmte, Papas Eltern waren schon vor zehn Jahren in ihrem Dorf an der dänischen Grenze gestorben. Sie hatten dieses Reetdachhaus mit dem Gemüsegarten und dem Kartoffelacker gehabt. Und hatten immer wieder erzählt, dass Papa schon mit fünf Jahren Modellflugzeuge gebaut habe. In dem Garten durfte ich einen Apfelbaum pflanzen, als ich vier war. Der war inzwischen schon bestimmt richtig groß.

»Dieser Scheiß-Busch«, sagte Matze, während er sich wieder Apfelkuchen auf die Gabel schob. »Ohne den würde sie noch leben.«

Marie blickte kampfbereit in die Runde.

»Wisst ihr was?«, sagte sie mit dem französischen Akzent, den sie vermutlich auch in dreißig Jahren noch *aben* würde. »Das ist doch alles Bullshit. Ich kann das alles nicht mehr *ören*.«

Sie sagte *isch* statt *ich* und *nischt* statt *nicht*. Aber das machte es auch nicht besser.

»Hä?«, sagte mein Vater, der bislang auf Autopilot gestellt hatte, als habe er die andere Hälfte meiner Pilzpackung verspeist.

»Immer dies: ›Die arme *Edi*! Die arme *Edi*!‹«, regte Marie sich auf. »Warum hat *Edi* denn nichts gemerkt? Eine Frau merkt so was. Am Geruch, am Gesicht, an Kleinigkeiten ...«

»Anscheinend nicht«, entgegnete mein Vater mit seiner stoischen Ingenieurslogik. »Sonst wäre sie ja nicht so geschockt gewesen.«

Ich nahm noch einen Heidesand. Da war doch was drin. Ich merkte das. Chili? Koriander? Etwas, was sonst nicht drin war. Es war lila, so viel schmeckte ich. Und es hatte etwas mit Katzen zu tun. Und mit Silje Nergaard. Oder mit Peter Fox?

»Ich weiß, man soll nicht schlecht über Tote reden«, sagte Marie mit dieser zu hohen, unentspannt gedrückten Stimme, »und erst recht nicht an Weihnachten. Aber man muss doch mal die *Wahreit* sagen. *Edi* war einfach dumm. Wenn sie es wirklich nicht gemerkt *at* – dann war sie strohdumm. Eine Frau merkt so was.«

Dabei passierte etwas Merkwürdiges: Bei jedem Wort, das Marie sagte, wuchsen ihre langen, dunklen Haare ein paar Zentimeter. Sie wuchsen auf den Fußboden und umschlangen die Beine der Stühle, die um den Tisch herumstanden. Und Marie konnte diesen Haaren Befehle geben. Wenn sie es wollte, würden die Stühle umkippen. Alle auf einmal. Besonders der von Maciej, denn der kippelte die ganze Zeit, während er seinen Kakao trank.

»Wann machen wir Bescherung?«, quakte er.

»Erst mal trinken wir Kaffee, mein Prinz«, sagte Marie.

»Nein, Bescherung!«, protestierte Maciej.

»Wie kannst du sagen, dass Hedi dumm war?«, sagte Mum, die ganz bleich geworden war. Immerhin war Hedi ihre Mutter. Und nach Hedis Tod hatte

sie ungefähr drei Monate geheult und lauter düstere Aquarelle gemalt. Ohne Raffael hätte sie das alles nicht überstanden. Im Grunde haben die beiden Seelsorgesex.

»Ma Chérie, ich sage dir ganz einfach, wie es ist. Eine Frau merkt so was. Jedenfalls eine französische Frau.«

Sehr komisch. Aber ich hatte ja jetzt den Trick: Ich drehte den Regler runter. Und hörte stattdessen den Kerzen zu. Normalerweise kann man die nicht hören. Aber durch die Pilze nahm ich jetzt ganz andere Frequenzen wahr. Orgelklänge verströmten die. Durch den Docht. Und die Flammen waren so hell wie ein Hochofen.

»Wie viele Frauen werden denn bitte betrogen, ohne es zu merken?«, fragte meine Mutter. Scharf wie ein japanisches Tranchiermesser.

Die Orgelmusik riss ab.

»Wie viele?«, äffte Marie sie nach. »Keine einzige! Frauen wissen so was. Sie wollen es bloß nicht *wahraben*!«, ereiferte sie sich.

»Also, Leute, das müssen wir ja nicht unbedingt jetzt ...«, griff Matze ein. Klar, dass er das Thema Fremdgehen nicht zu ausführlich diskutiert haben wollte.

»Ihr *abt* recht, entschuldigt«, sagte Marie und nahm einen Schluck von ihrem schwarzen Kaffee. »Stopp, aus. Weihnachten!« Sie lächelte kurz. »Ich kann bloß diese *Euchelei* nicht ertragen.«

»Heuchelei?«, fragte meine Mum.

Ich sah Hélène an. Sie sah mir zum ersten Mal

in die Augen. Wow, dachte ich, was für Augen. Bernsteinfarben. Hell und klar. Wunderschön. Sie schien eine Gedankenverbindung aufbauen zu wollen. Sie wollte mir eine wichtige Information beamen. Natürlich. *matthias1971*. Sie wusste auch alles. Längst. Und obwohl sie Matze genau so dämlich fand wie ich, wollte sie nicht, dass ihre Familie in diesem Augenblick zerbrach. Mir wurde noch übler. Der Heidesand. Widersinnigerweise befahl mir meine rechte Hand, noch einen zu essen. Und das tat ich auch.

»Themawechsel!«, strahlte Marie. »Wohin fahrt ihr in den Frühjahrsferien?«

Man sah, wie Matze ein Felsbrocken von den Schultern fiel. Plumps. Das hatte er nicht verdient. Und genau das dachte Mum in diesem Moment, das sah ich. Das konnte gefährlich werden. Das flüsterten mir die Pilze zu. Die kubanischen Kahlköpfe ließen mich nämlich in die Köpfe aller hier am Tisch hineinsehen wie in ein E-Book.

»Nein, sorry«, sagte Mama, lehnte sich zurück und verschränkte die Arme vor der Brust. »Meine Mutter war nicht dumm. Das lasse ich mir nicht von der Frau meines Cousins am ersten Weihnachtstag in meinem eigenen Wohnzimmer sagen.«

Die Aggressionszonen in ihrem Gehirn waren knallrot. Ich war ein Elektronenrastermikroskop. Aber ich war auch ein Indianerhäuptling. Ich musste Frieden schaffen.

»Hast du eigentlich auch Raffaello?«, fragte ich Mum.

Ist ja klar. Wenn du von Angelina plauderst, wollte ich ihr sagen, verrate ich alles über den Fotografen. Aber sie sagte bloß unwirsch »Nein«, sie schnallte nichts, sie hatte ja auch keine Pilze gegessen.

»Machen wir jetzt Bescherung?«, quakte Maciej.

»Nein, erst entschuldigt sich deine Mama«, sagte Mum.

»Caro, bitte«, sagte Dad. Ich glaube, er war der Einzige, der von nichts etwas ahnte. Vermutlich hatte er sogar vergessen, dass er selbst noch vergangenen Montag mit *Elbelibelle33* im Elysée gewesen war.

»Ich soll mich entschuldigen?« Marie lachte schrill auf. »Wofür denn?«

»Das geht jetzt wirklich sehr weit«, sagte Matze mit einem Lächeln, das halb schmierig, halb herablassend war. Er schien nicht die mindeste Ahnung davon zu haben, dass seine Ehe hier kurz davor war zu implodieren. Weil er die Vorschaufunktion nicht deaktiviert hatte.

»Hat jemand von euch eigentlich *Maleficent* gesehen«, fragte ich unvermittelt, »den letzten Film von Angelina ... Angelina ... die von Brad Pitt ... wie heißt die noch?«

»Jolie«, sagte Marie. »Idiotischer Künstlername.«

Jetzt hatte Matze es geschnallt. Er starrte mich an. Er wollte mich blickmäßig durchbohren. Aber da war diese Wand aus Pilzgewächsen, die nichts durchließ. Auch Hélène starrte mich an. Sie war richtig sauer. Anscheinend peilte sie nicht, dass ich nur einen Warnschuss abgegeben hatte.

»Also, ich würde sagen«, Matze knipste sein pro-

fessionelles Eventmanagerlächeln an, »da Maciej es nicht mehr aushalten kann, wollen wir nicht jetzt den Baum anzünden und …«

»Den Baum sollten wir lieber nicht anzünden!«, schmunzelte Dad. Seine Arglosigkeit versetzte meinem Magen einen weiteren Schlag. Rohes Kaninchen, Psilocybinpilze, Kaffee, Heidesand. Das war alles eindeutig zu viel. Ich konnte nicht mehr.

»Ja, Bescherung!«, jubelte Maciej. »Ich hol mal meine Geschenke für euch!« Er rannte raus. Das war ein Zeitfenster. Jetzt würde etwas passieren. Ich wusste das.

»Du glaubst also ernsthaft«, sagte Mama sarkastisch und leise zu Marie, »du würdest es merken, wenn jemand dich betrügt?«

Alle sahen sie an.

»Wie – jemand?«, fragte Marie und lehnte sich vor.

In diesem Moment blieb die Zeit stehen. Und ich sah in Zeitlupe alles, was gleich passieren würde. Alles würde rauskommen. »xoxo angelina. Bei meinen Eltern ist es genauso«. Aber ich sah noch viel mehr. Ich sah, dass wir alle ein großes Geflecht waren. So ein riesiges Myzel (das sind diese Fäden, die die Pilze in den Boden senden.). Nicht nur wir hier am Tisch. Nein, auch Hélènes Vater. Und dieser pseudosensible Fotograf. Und Angelina. Papas *meet-2cheat*-Bienen. Die hingen alle an diesem Myzel. Und bildeten eine große Einheit. Die ernährten sich gegenseitig, auch wenn sie zum Teil gar nichts voneinander wussten. Und wenn man etwas herausschnei-

den würde, würde alles absterben. Oder einer würde aus dem Fenster springen. Das Myzel war weise, es gab jedem, was er brauchte: Liebe, Wasser, Anerkennung. Auch Ekel-Event-Matze brauchte Liebe, und die gab ihm diese Angelina, von der Marie nichts wissen durfte. Und deshalb tat ich jetzt Folgendes. Ich stopfte mir drei weitere Heidesand auf einmal in den Mund. Ich würgte sie hinunter. Und dann brauchte ich nur eine halbe Sekunde zu warten, und die ganze wunderschön weihnachtliche Kaffeetafel mit der dunkelroten Samttischdecke und den hellroten Pappengeln, dem Apfelstreuselkuchen und der Sahne und der russischen Crema, den Heidesand-Keksen und den Spekulatius wurde von einem Schwall eingesaut, der aus meinem Mund kam, aus meinem Magen, aus meinen Gedärmen. Ich kotzte alles aus, ich würgte, hechelte, stöhnte, ich hielt nichts zurück. Aus den Augenwinkeln sah ich, wie Maciej in diesem Moment reinkam, eine Plastiktüte mit selbst gebastelten Geschenken in der Hand. Aber selbst Maciej lachte nicht. Da wusste ich, dass das hier wirklich Dungeon-Qualität hatte.

Heute Morgen kam Matze zu Besuch. Er war total freundlich. Na ja, ihm ist auch klar, dass ich sein Leben gerettet habe. Sie haben mich ins Krankenhaus gebracht, sie haben die Pilze diagnostiziert, und dann haben sie natürlich nur noch über ihren missratenen Sohn debattiert. Und nicht mehr über Hedi und das Fremdgehen. Aber Matze ist nicht blöd. Er weiß, dass ich die Bombe noch jederzeit hochgehen lassen kann.

»Also, wenn du wieder klar bist«, sagte er so nebenbei wie möglich, »ich hab da 'n Job für dich. Paar Sachen eintüten. 450 Euro. Was meinst du?«

Er sah ungeheuer frisch aus. Vermutlich hatte er das gesamte Wochenende mit Angelina gepoppt. Nonstop.

»Weißt du was, Matze? Ich hab da echt keine Zeit für. Du weißt ja, Abi.«

Er grinste. Und nickte. Er hatte ja nur auf Nummer sicher gehen wollen.

»Aber das Geld«, fügte ich hinzu, »kannst du mir auch so geben.«

Er hielt einen Moment den Atem an. Aber er ist Profi. Er sagte nichts. Lächelte immer noch. Er hielt das Lächeln fest. Der Weltklopapierverband hatte ihm gerade mitgeteilt, dass er den Kongress jetzt doch in Dubai abhalten würde. Mit einer arabischen Agentur. Und Matze hatte »Kein Problem!« sagen müssen.

Hélène war auch hier. Sie hat sich ans Bett gesetzt und mich ganz lange angesehen. Mit ihren wunderbaren Bernsteinaugen. Dann hat sie mich geküsst.

Und übrigens: Mama hat ihr Passwort geändert. Papa nicht.

Kurt im Glück

»Aber jetzt erzähl du erst mal – wie isses bei dir gelaufen?«

Kurt strahlt, wenn er mich das fragt, einmal im Jahr, am Abend des ersten Weihnachtstages, zwischen *Guinness*-Werbung und Goldlametta in unserer irischen Stammkneipe in Neumünster. Er weiß, dass sein Jahr wieder zehnmal so erfolgreich war wie meins, weil es immer so ist, weil Kurt in jeder Hinsicht zehnmal so erfolgreich ist wie ich, weil er der erfolgreichste Mensch ist, den ich kenne. Aber im Gegensatz zur Plastiktanne in der Ecke ist sein Strahlen zu hundert Prozent echt, und deshalb könnte ich ihm niemals etwas übelnehmen. Im Gegenteil, denn was die Frauen betrifft, habe ich ihm alles zu verdanken. Sogar Mathilde. Ohne ihn hätte ich sie nie kennengelernt. Und ich habe keine Frau so sehr geliebt wie sie.

Ich kenne Kurt noch aus der siebten Klasse, er ist ein Jahr älter und ein paar Zentimeter kleiner als ich, er wohnt weit weg, aber am ersten Weihnachtstag feiert seine Familie immer mit den Rentner-Verwandten aus Magdeburg im Wohnzimmer des Klinkerbungalows seiner Eltern in Neumünster. Und genau dort hat sich meine Tante Gisela mit ihrem Mann Herbert vor ein paar Jahren ein überdimensioniertes Angeberhaus gekauft. Und da meine Schwester Caroline Weihnachten lieber in ihrem Häuschen in Finkenwerder mit ihrem Langweilermann Christian und ihren beiden Kindern verbringt, »unter sich«, wie sie sagt, und es mir einfach nicht gelingen will, eine Familie zu gründen – wie auch, ohne Frau! – flüchten Mum und ich am ersten Weihnachtstag immer zu Gisela und ihrer Großfamilie. Ihre Söhne Matze und Sören haben natürlich längst Kinder, nur ich nicht. Ich muss an Weihnachten immer noch mit meiner Mutter Blockflöte spielen.

Kurts Familie feiert mit einem Kunststoff-Weihnachtsbaum von Obi, den man auf verschiedene Farben programmieren kann, dem frühen Roland Kaiser und Schokoweihnachtsmännern von Lidl. Die Ost-Verwandten rauchen Marlboro und sprechen über die Panzerexporte nach Saudi-Arabien oder die Arbeitslosenquote in Sachsen-Anhalt, und Kurt weiß nicht, ob es an dem immer dichteren Zigarettenrauch oder den übellaunigen Magdeburgern liegt, dass er es nach ein paar Stunden in dem Raum nicht mehr aushält. Dann verschwinden Kurt und ich und trinken in der *Titanic* bis tief in die Nacht Weihnachtspunsch, wäh-

rend er mir erklärt, wie das mit den Frauen geht. Ich bekomme es nämlich nicht hin.

Kurt ist ein Phänomen. Während andere Menschen sich ihr Leben lang Mühe geben und keinen Zentimeter vorankommen, geht Kurt den anderen Weg: Er gibt sich gar keine Mühe, dafür fällt ihm alles in den Schoß. Das Gymnasium verließ er im zwölften Jahrgang, um eine Tischlerlehre zu machen, die er aber nach drei Monaten abbrach. Nach seinem Zivildienst reiste er per Interrail durch Europa, trampte durch die USA, jobbte als Kellner, fotografierte die ganze Welt, besuchte Raves, nahm jede Menge Drogen und lieh sich überall Geld, das Sorgenkind seiner Eltern. Mit 26 fing er an, einem Freund zu assistieren, der die Mercedes-S-Klasse fotografierte. Und das war's. Heute lebt er in München und Paris und fotografiert für BMW und Renault menschenleere Wüstenlandschaften in Südafrika, Namibia und Oman, in die er später computergenerierte 3D-Bilder der nächsten Modelle hineinretuschiert. In der von ihm erschaffenen Welt gibt es keine Staus, keine Fahrschüler und keine Ampeln, keinen Schneematsch und keine Baustellen. Nur Sonne, das Gaspedal und sehr viele PS. Kurt beschäftigt sechs Angestellte. Niemand zahlt besser als die Autoindustrie.

Ich habe ein Abi von 1,7, für das ich sehr viel gelernt habe, ein Informatik-Diplom, für das ich sechs Jahre lang mein restliches Leben eingestellt habe, und arbeite als Systemadministrator für einen Gabelstaplerhersteller aus Norderstedt. Aber das ist noch eine glänzende Karriere verglichen mit meinem Er-

folg bei den Frauen. Entweder ich habe eine Freundin, mit der schon lange nichts mehr läuft, oder es läuft nichts, weil ich schon lange keine Freundin mehr habe. Dabei habe ich weder eine Halbglatze noch Akne, ich bin kein Zwerg, habe keine Knollennase und keine chronische Lidrandentzündung. Ich sehe einfach nur nett und normal aus: blaue Augen, blaue Jeans, blaues Polo-Shirt. »Und das ist das Problem«, erläutert mir Kurt Jahr um Jahr, während er bei Debbie den nächsten Glühwein bestellt. »Frauen sortieren uns sofort ein: Kumpel, Sex oder Ehe. Du landest in der Kumpelschublade, Jerry. Und genau da musst du raus.«

Kurt hat das Problem weniger. Er wurde mit 13 entjungfert, und bevor er die Schule verließ, hatte er mit seiner Kunst- und seiner Sportlehrerin geschlafen. Als wir unsere erste Weihnachtsnacht zu zweit versoffen, war er Anfang dreißig und gerade auf dem Salsatrip.

»Natürlich kannst du Frauen in Bars abschleppen. Hab ich ja lange genug gemacht.«

Die *Titanic* war überfüllt. Lauter Weihnachtsversager, die niemand eingeladen hatte. Kurt fläzte sich im wuchtigen, dunkelbraunen Ledersessel neben dem lichterkettengeschmückten Kamin. »Nur leider ist man am Ende viel zu betrunken, um guten Sex zu haben, kennst du ja. Salsapartys sind anders. Weil Salsa *ist* Sex, verstehst du?«

Sein leichter Silberblick brachte mich beim Augenkontakt ganz durcheinander. War es das, was die Frauen so anmachte?

»Und die Mädels sind heilfroh, wenn da nicht nur Latino-Hobbits rumstehen, sondern ein Weißer, der sogar noch Deutsch spricht.«

Bestimmt. Wenn man so tanzen kann wie Kurt. Ich belegte im folgenden Jahr einen Salsa-Singletanzkurs, wo ich Henriette kennenlernte. Sie war groß und hager, bewegte sich aber weich und geschmeidig. Wir gingen zusammen essen und an die Elbe, einmal lud sie mich sogar zu sich nach Hause ein, sie hatte aufgeräumt und Lasagne gekocht, und bis Mitternacht wartete ich auf ein Signal, das mir erlaubt hätte, auf sie loszugehen. Nichts. In der Woche darauf gingen wir zum ersten Mal zur Salsa-Night in die Europa-Passage, wo sie von einem etwa 1,60 großen Mexikaner mit dichten schwarzen Augenbrauen aufgefordert wurde, mit dem sie den Rest des Abends tanzte und dann für zwei Wochen im Bett verschwand.

»Oh Mann, Jerry, die war ausgehungert. Du hättest sie dir einfach nehmen müssen«, analysierte Kurt bei unserem nächsten Weihnachtstreffen.

Ratlos fischte ich eine Zimtstange aus meinem Punsch.

»Ich weiß«, tröstete er mich, »diese Salsa-Tussis stehen auf dieses spanische Lispeln. Ich bin auch längst davon ab. Weißt du, was richtig zieht?«

Aus den Boxen schepperte Bing Crosby, der von der weißen Weihnacht träumte, genau wie wir. Kurt biss in den Ingwerkeks, den Debbie zum Punsch servierte.

»Outdoorreisen! Überleg doch mal. Single-Männer verreisen alleine oder mit ihrem Buddy. Single-

Frauen machen Gruppenreisen! Ski, Wandern, Rad-fahren. Abends Lagerfeuer unter Sternenhimmel ... Romantik pur. Die Babes da sind wie Muscheln. Lie-gen geöffnet da und warten nur darauf, vernascht zu werden.«

Mein nächstes Jahr war gerettet. Ab März ging ich ins Fitnessstudio, damit ich den anderen nicht hinterherhecheln würde, im Juni buchte ich *Wandern auf Malta*. Kurt hatte recht: fast nur weibliche Sing-les. Leider war Malta zu heiß zum Wandern. Schwit-zen macht nicht attraktiv. Abends wurden Blasen gezählt und Rückenschmerzen verglichen. Die Ho-telküche war vom englischen Mutterland inspiriert. Und die weiblichen Teilnehmerinnen umflirteten den Wanderführer, der aussah wie der junge Reinhold Messner. Ich konzentrierte mich auf Monika, eine Berufsschullehrerin aus Mainz, die auch vages Inte-resse zeigte. Lange Strecken wanderten wir zu zweit, während sie in ihrem Pfälzer Singsang so gleichför-mig und ausdruckslos redete, dass meine Aufmerk-samkeit spätestens nach einer Minute wegkippte. Die armen Schüler. Am letzten Abend beichtete sie mir, dass sie unserem Reinhold Messner schon zahlreiche erotische Mails geschickt hatte. Sie wollte wissen, ob es vielleicht ein gutes Zeichen sei, dass er noch nicht geantwortet hatte.

»Ein gutes Zeichen! Todkomisch!« Kurt lach-te so heftig, dass er sich an seinem Glühwein ver-schluckte. »Daraus musst du ein Comedyprogramm machen. Zum Schreien!«

Er lachte immer weiter und lief dabei dunkelrot

an. Das musste es sein. Dies jungenhafte Lachen. Ob ich das vielleicht imitieren konnte? Die *Titanic* war noch voller als sonst, und die arme Debbie musste eine rote Bommelmütze tragen. Aus Protest trug sie dazu einen kurzen Lederrock und Ringelstrumpfhosen.

»Bar, Salsa, Reisen – alles viel zu unspezifisch«, resümierte er. »Ich kann dir sagen, was wirklich hundertprozentig funktioniert: *finya*!«

Ich hatte noch nie davon gehört.

»Internetdating. Bei den Frauen dort ist völlig klar: Die wollen Sex. Natürlich sagen sie, dass sie 'ne Beziehung wollen, um nicht als Schlampen dazustehen. Aber in Wirklichkeit sind die so scharf … Mit dem richtigen Foto und Text kriegst du da zehn Anschreiben am Tag. Der absolute Hammer!«

Im Hintergrund sang Neil Diamond *Little Drummer Boy*, was mich immer zu Tränen rührt. Ich aß eine Pistazienmarzipanpraline und begann zu träumen. Hoffnung ist die Währung des Glücks. *finya!* Am ersten Januar legte ich dort ein Profil an. Ich schoss ein Foto von mir im Badezimmerspiegel, nannte mich *vielleichtjadu?* und schrieb: »IT-Nerd sucht Traumfrau. Hab langsam keine Lust mehr aufs Single-Dasein. Bin tageslichttauglich und suche Frau für aufregendes Abenteuer, spätere Heirat mit Großfamiliengründung nicht ausgeschlossen. Meld dich einfach. Antwort garantiert!«

Irgendwie muss Kurt in einem Paralleluniversum leben. Anschreiben bekam ich keine. Ich kontaktierte über achtzig Frauen, von denen immerhin eine mir zwei Wochen später antwortete: *bis nich mein typ sry.*

Anfang März kam doch noch eine Nachricht. *HERRIN77* schrieb: »Bist du devot? Dann guck nach mir bei *sklavenzentrale.com*. Du Zahlschwein, ich werd dich richtig fertigmachen.«

»Auf *finya* sind irgendwie nur noch Fakes«, erklärte mir Kurt beim nächsten Weihnachtsglühwein.

Wir hatten die letzten zwei Plätze am Tresen bekommen. Immerhin stand direkt neben der Zapfanlage ein Plastikweihnachtsmann, der *Rudolph the red nosed reindeer* sang, wenn man an seinem Bart zog.

»Und die anderen haben die übliche Frauenparanoia. Wenn der Sex gut ist, wollen sie unbedingt 'ne Beziehung und machen einen Riesenlarry, wenn du sie nicht mehr sehen willst. Nein, weißt du, was der absolute Burner ist?«

Er strich sich die blonden Engelslocken aus dem Gesicht. Bei ihm stimmte irgendwie alles: Locken, Lachen, Silberblick. Und dann noch Zweitwohnsitz Paris. Ich begann daran zu zweifeln, ob mir seine weihnachtlichen Tipps jemals etwas bringen würden.

»*Singlemum.de*. Kostet gar nichts. Und die sind alle so sehr mit ihren allein erzogenen Kids und ihren Scheidungsprozessen beschäftigt, die wollen einfach nur guten, entspannten Sex.«

»Und ich will vielleicht 'ne Beziehung?«, widersprach ich ihm zum ersten Mal.

»Umso besser!«, freute sich Kurt. »Dann flippen die völlig aus. Und 'ne Familie kriegst du noch gratis dazu! Ich hatte jetzt so 'ne süße Filipina, mit den Jungs hab ich immer Fußi gespielt, ich sag dir, sooo niedlich!«

Ich konnte kaum meine Gesichtszüge kontrollieren. Wieso fielen die auf einen Hallodri wie Kurt rein?

»Jetzt guck nicht so«, unterbrach er meine Gedanken. »Glaubst du, irgendeine Frau hätte es schon bereut, eine Nacht mit mir verbracht zu haben?«

Nach dem fünften Glühwein verriet er mir, wie ein erfolgreiches Profil auszusehen hatte. Anfang Januar ging ich zu einem Profi-Fotografen und ließ für mein *Singlemum*-Profil ein Schwarz-Weiß-Foto von mir schießen, auf dem ich nachdenklich mit Dreitagebart in die Ferne schaute. Ich nannte mich *vivalavida* und schrieb: *Am Strand einer griechischen Insel mit dir aufwachen, von Wärme umhüllt, dein Kopf auf meinem Bauch, wir beide noch erschöpft von der Liebesnacht, Meersalz auf unserer Haut, die Sonnenstrahlen tanzen auf den Wellen, ich streiche mit den Fingerspitzen über deinen Nacken, und du spürst schon wieder diese unendlich tiefe Lust …*

Angelika meldete sich schon nach einer Woche. Wir gingen ein paar Mal Kaffee trinken und unternahmen dann Wochenendausflüge mit Finn, einem weißblonden, fünfjährigen Tierfanatiker. Wir fütterten Elefanten in Hagenbeck, Hängebauchschweine im Wildpark Schwarze Berge, Otter im Otternzentrum Hankensbüttel und Affen im Tierpark Gettorf. Zum Geburtstag schenkte ich ihm einen Hamster. Wir tobten, aßen Erdbeertorte mit ganz viel Sahne, sahen zusammen KiKa, und abends legte ich beim *Tatort* meinen Arm um Angelika. Zu mehr kam es nicht. Binnen weniger Monate war ich in der Kumpelfalle gelandet.

»Quatsch. Binnen weniger Sekunden!«, schimpfte Kurt beim nächsten Weihnachtsbesäufnis. Meine Mutter hatte mir gerade selbst gestrickte Socken geschenkt und damit schlimmste Kindheitserinnerungen geweckt: selbst gestrickte Pullover, in denen ich ausgesehen hatte wie ein finnischer Alien. War dieses Pullovertrauma vielleicht schuld an meinem Pech bei den Frauen?

»Diese Muttertiere nutzen Sex nur, um dich in eine Beziehung zu kriegen. Und wenn sie die Beziehung auch ohne Sex kriegen – umso besser. Wozu sollten sie sich da die Mühe mit dem ganzen Rumgehampel machen?«

So konnte man meine Probleme des letzten Jahres zusammenfassen. Deprimierend. Wie zu erwarten, war Kurt längst einen Schritt weiter. Er besuchte Tantra-Kurse.

»Lauter frustrierte Langzeit-Ehefrauen«, berichtete er. »Die sind so willig ... Das hast du noch nicht erlebt. Wie wir da plötzlich alle nackt im Kreis standen ... und alle sehen mich an ... Ich meine, da wärst sogar du der absolute King Louis!«

Sogar ich. Was für ein Kompliment. Jeremias, König der Tantra-Kurse in Halstenbek.

»Ja, nun guck nicht so«, sagte er mit seiner tiefen, leicht angerauten Stimme, einem weiteren Primärreiz, den er mir voraushatte. »Die Konkurrenz besteht aus Heilpraktikern und Bachblütenschamanen Ende fünfzig, so 'ne Art menschliche Hängebauchschweine.«

Ich habe es getan. Ich war bei einem Tantra-Seminar. Ich habe allerdings neun Monate gebraucht,

um mich durchzuringen und das *Tantrische Wochenende mit dem Feuer des Südens* im *Biohotel Bad Tölz* zu buchen, möglichst weit weg von Hamburg. Eine dunkelhäutige, buddhistische Brasilianerin hatte es von Anfang an auf mich abgesehen. Sie lud sich schon am ersten Abend auf mein Zimmer ein, plünderte die Minibar, drängte mich aufs Bett, zog uns aus und redete dabei ununterbrochen in ihrem Akzent, der a und o portugiesisch einfärbte: »Musse imme Liebe mache, musse Liebe mache in die Morge, in die Tage und in die Nacht!« Außer meinem Namen wusste sie nichts von mir. Sie gab mir Anweisungen, was ich wie, wo und wie lange zu machen hätte, und war sehr laut. Zum ersten Mal im Leben hatte ich das Gefühl, eine Art menschlicher Dildo zu sein. Hatte nicht auch Immanuel Kant gesagt, dass der Mensch nie ein bloßes Mittel sein soll?

»Ich habe das auch festgestellt«, flüsterte Kurt bei unserem nächsten Weihnachtsdate. Diesmal hatten wir einen Platz auf dem dunkelgrünen Plüschsofa abbekommen, direkt neben der Holzkrippe.

»Diese Tantra Frauen sind alle irgendwie *bizarr*. Manche wollen, dass du sie an den Haaren durch die Wohnung ziehst, andere möchten, dass du eine ganze Nacht lang bewegungslos in ihnen ausharrst ... das liegt mir alles nicht, ehrlich.«

Ein als Weihnachtsmann verkleideter *Hinz&Kunzt*-Verkäufer hatte sich zu uns durchgedrängelt, Kurt kaufte ihm ein Exemplar ab und gab ihm zehn Euro Trinkgeld.

»Ich bin total davon ab. Weißt du, was wirklich was bringt?«

Nein, ich wollte es nicht wissen. Ich wollte mich generell nach den Bescherungs-Orgien nicht mehr mit Kurt in die *Titanic* zurückziehen, um mir zwischen Strohsternen und roten Weihnachtskugeln erzählen zu lassen, welche indonesischen und lettischen Models er wieder bis zur Bewusstlosigkeit gevögelt hatte, auf der Flugzeugtoilette oder bei Tantra-Seminaren. Nächstes Jahr würde ich über die Feiertage nach Nepal fliegen und meditieren. Mochte meine Mutter alleine ihre berüchtigten Blockflötenständchen per Telefon bringen.

»Escort! Das ist der Bringer. Völlig unterschätzt.«

Ich musste mich verhört haben. Kurt, der Womanizer, zahlte für Sex?

»Ganz genau!«, raunte er und bestellte noch eine Runde Punsch. »Frauen wollen immer irgendwie *mehr*. Sie wollen *dich*. Aber diesen Escort-Girls genügt das Geld. Und dafür machen sie genau das, was du willst – wie easy ist das denn, bitte? Ich hatte 'ne Südafrikanerin, die war sooo heiß ... ich hatte sie nur eine Stunde gebucht, aber sie blieb bis mittags ... Wir haben Sachen gemacht ... fucking unfassbar. Und weißt du, was sie nachher abgerechnet hat? Zwei Stunden, fünfhundert Euro. Praktisch geschenkt!«

Escort. Kurt war durchgedreht. Und übrigens habe ich auch nicht mal eben so fünfhundert Euro. Ich bin Netzwerkadministrator bei einem Gabelstaplerhersteller. Ich hatte Kopfschmerzen, vom Punsch oder vom Frust, ich zahlte und ging durch die

leeren Straßen nach Hause, vorbei an den erleuchteten, bunt geschmückten Fenstern, zum ersten Mal ohne Tipp, ohne Hoffnung auf das Paradies.

Und dann meldete sich Mathilde. Am siebten Januar.

In meinem *Singlemum*-Profil hatte ich unter »Was ich besonders mag« geschrieben: »*Der Wolkenatlas* von David Mitchell. Aber nur das Buch.« Damit hatte ich anscheinend ihren Nerv getroffen.

»ich danke dir für den wolkenatlas«, schrieb sie. »der film ist das grauen, das buch ist weltliteratur. aber wie üblich haben alle nur den film gesehen.«

Eine Frau, die den *Wolkenatlas* gelesen hatte. *One out of million*, wie die Amerikaner sagen. Ich war bereits verknallt, aber ich wartete bis zum nächsten Abend, ehe ich antwortete: »Außer mir, dem IT-Nerd.« Mehr nicht.

Das beeindruckte sie noch mehr. Zwei Minuten später kam ihre Antwort: »du kannst das gar nicht kennen. it-nerds sind idioten.«

Das war ein Test. Kurt hatte mir das mal erklärt: Coole Frauen testen einen andauernd, um ihre Zeit nicht mit Losern zu verschwenden. Umso wichtiger, absolut cool zu bleiben.

»Du schreibst einem Idioten?«, entgegnete ich.

Darauf sie: »ja, die sind irgendwie liebenswert. im gegensatz zu den supersmarten, das sind die arschlöcher. warum falle ich immer auf die rein?«

Sie war großartig. Wir konnten gar nicht aufhören zu chatten. In unzähligen Nächten erzählten wir uns atemlos tippend unser Leben. Sie hatte drei

Kinder und wohnte nur fünf Kilometer nördlich von mir. Es war unglaublich, wie nah sich unsere Seelen waren. Wir warfen uns die Namen unserer Helden nur so zu: David Bowie und Tom Waits, Pete Doherty und Kettcar. Durch sie lernte ich die Fleet Foxes kennen. Durch mich hörte sie zum ersten Mal Ben Folds. Wir tauschten unentwegt unsere Götter: T. C. Boyle gegen David Foster Wallace, Tim Burton gegen die Coen-Brüder. Es war unmöglich, dass wir uns etwas zeigten, was der andere nicht mochte. Die Zeit ab elf Uhr abends gehörte uns. Nur merkwürdig, dass wir uns nie trafen.

Im Frühsommer erfuhr ich auch, warum. Er hieß Harald, betrieb die Werbeagentur *smartbranding* im Karoviertel und war seit elf Jahren mit ihr verheiratet. Aber die Ehe war längst am Ende. Außer dem Haus, den Kindern und den Freunden teilten sie nichts miteinander, absolut gar nichts. Keine Sorgen, keine Ideen, keine Zärtlichkeit. Lange schon hatten sie keinen Sex mehr, anscheinend vermied er sogar jede Form von Berührung, die seinen *Ego-Panzer*, wie Mathilde es beschrieb, hätte aufbrechen können. Sie vermutete, dass er mit seinen Praktikantinnen schlief, und dachte seit Jahren über Trennung nach. Außer Geld hatte er ihr praktisch nichts zu bieten. Dass ihr jüngster Sohn autistische Züge entwickelte, dass sie kurz vorm Burnout stand und ihre Karriere als Werbetexterin stagnierte – all das interessierte ihn nicht. Theater, Musik, Film, Literatur – war da was? Harald interessierte sich für Fußball. Ein Karrierekasper auf Großkundenakquise.

»Aber du hast sie noch nie gesehen?«, fragte Kurt bei unserem nächsten Weihnachtstreff. Neben uns am Tresen saß ein militanter Weihnachtshasser, der Debbie drohte, ihr auf die Zapfanlage zu kotzen, wenn sie noch einmal *Jingle Bells* spielen würde.

»Doch natürlich, Fotos«, sagte ich. Genau genommen ein Foto, in das ich mich jeden Tag versenkte. Die großen, dunkelbraunen Augen. Die schwarze Pagenkopffrisur. Und das ganz leicht spöttische Lächeln voll kluger Ironie.

»Und was, wenn ihre Stimme etwas gequetscht klingt? Wenn sie zugenommen hat?«

Ich ärgerte mich, ihm überhaupt davon erzählt zu haben. Wieso zählten für Kurt immer nur äußerliche Attribute? Sie war etwas zu dick, das hatte sie mir längst gestanden. Na und?

»Kollege, du verrennst dich.« Er sah mir leicht mitleidig in die Augen, seufzte und nahm einen Schluck vom dunkelroten Nelkenpunsch. »Weißt du, was ich inzwischen mache?«

Ich wusste es nicht, ich wollte es nicht wissen, aber er würde es mir trotzdem gleich sagen.

»Swinger Club! Escorts sind nicht schlecht, aber auf Dauer wollen die nur deine Kohle. Und liegen gelangweilt auf deinem Bett rum. Aber im Swinger-Club, Alter, was da abgeht!«

Ich ließ ihn reden. Und machte mich bis nachts um drei mit Mathilde darüber lustig.

»Chérie?«, fragte ich sie um 03:12.

»Oui, mon chèr?«, antwortete sie um 03:13. Sie hatte eine französische Großmutter.

Ich zögerte. »Sehen wir uns nächstes Jahr?« Sie ließ mich eine gefühlte Ewigkeit warten.

Um 03:23 schrieb sie: »Ja. Versprochen.«

Zwei Worte. Das Jahr war gerettet. Mein ganzes Leben. Mein Herz pochte so heftig in meiner Brust wie vielleicht noch nie. Ich brauchte nicht mehr zu drängeln und zu fragen, ob wir uns nicht mal für eine Stunde auf einen Kaffee treffen könnten, ganz harmlos. Das zwischen uns war nicht harmlos. Eine Stunde in einem Café ergab keinen Sinn. Und Kurt hatte mir geraten, sie bloß nicht zu früh zu treffen und bloß nicht, solange sie noch mit ihrem Werbeglatzkopf zusammen war.

»Und auf keinen Fall mit ihr schlafen!«, hatte er mir eingeschärft. »Dann kriegt sie Schuldgefühle, und die binden sie wieder an ihn. Am besten lässt du einfach locker und guckst dich anderweitig um ... Die kommt schon irgendwann. Frauen sind wie Katzen, vergiss das nicht.«

Es war schwer, sogar verdammt schwer, aber ich hielt mich daran. Ich forderte nichts und fragte nicht nach. Manchmal beendete ich den Chat schon nach einer Stunde, manchmal ließ ich den Laptop sogar ein oder zwei Nächte ganz aus. Sie tat, als störte es sie nicht, aber ich wusste, wie es ihr zu schaffen machte.

Im Mai war sie so weit, es ihm zu sagen. Sie machte sich aber riesige Sorgen, wie die Kinder es aufnehmen würden, vor allem Clara, die Tochter. Sie war erst sieben und vergötterte ihren Vater. Im Juni brach Harald der Großauftrag eines Hamburger Versandhauses weg und er bekam einen Haut-

ausschlag am Rücken, dessen vergebliche medizinische Behandlung ich detailliert mitverfolgte. Natürlich war an eine Trennung zu diesem Zeitpunkt nicht zu denken. Im Juli renkte er sich beim Kitesurfen die Schulter aus, im August stand der gemeinsame Familienurlaub an. Die arme Mathilde litt furchtbar unter der ständigen Verschiebung und dem unbefangenen Lächeln ihres Mannes, der anscheinend nichts von der Katastrophe ahnte, die auf ihn zukam. Im September gründete Haralds wichtigste Kreative eine eigene Agentur, und der Rückenausschlag griff auf Beine und Brust über. Er begann mir leidzutun. Immer wieder vergewisserten wir uns im nächtlichen Chat, dass es dennoch für sie und die Kleinen und letztlich auch für Harald die richtige Entscheidung war. Im Oktober schrieb sie mir, es sei alles viel härter als gedacht, sie brauche jetzt Zeit für sich und hoffe auf mein Verständnis. Ein sehr gutes Zeichen. Jetzt würde es nicht mehr lange dauern. Die chatlosen Nächte kamen mir allerdings gespenstisch leer vor. Ich druckte unsere alten Chats aus, las sie wieder und wieder und schrieb ihr seitenlange Liebesmails, die ich aber nie abschickte. Endlich verstand ich auch die berühmten Bibelworte: *Wir sehen jetzt nur wie durch einen Spiegel – dann aber von Angesicht zu Angesicht.* Als ob Paulus schon eine WhatsApp-Beziehung gehabt hätte.

Es zerriss mich fast, aber ich behielt recht. Am 16.12. kam die Nachricht. Zwei Sätze nur: »Harald und ich getrennt. Sehen wir uns Heiligabend, 19:00?«

Ich taumelte vor Glück.

»Ja, ja, ja!«, schrieb ich zurück und fügte noch meine Adresse hinzu. Ich wusste, dass sie die *Ulysses*-Anspielung verstehen würde. Molly Bloom.

Ein neues Leben fing an. In acht Tagen. Heiligabend. Unterm Weihnachtsbaum. Ich konnte es kaum fassen. All meine Geduld, all mein Schreiben und Lieben ergab nun einen Sinn. In meiner Aufregung rief ich sogar Kurt an, um ihn zu fragen, wie man eine Frau küsst, die man seit zwei Jahren liebt und noch nie gesehen hat.

»Bin mitten im Shooting«, flüsterte er ins Handy. »Es kann nicht aus dem Nichts kommen. Das Geheimnis ist: Sei touchy! Fass sie die ganze Zeit schon überall an, Arme, Hände, Schultern, Haare ... küss sie im Nacken ... und dann ... aber sorry, ich muss jetzt hier weitermachen. Good luck, bis zum Fünfundzwanzigsten. Ich will alle Details!«

Irgendwie musste ich nur meiner Mutter beibringen, dass ich zum ersten Mal im Leben Heiligabend nach dem Kaffeetrinken wieder gehen würde.

»Ich werde den Abend mit meiner Freundin verbringen«, verkündete ich so beiläufig wie möglich.

»Du hast eine Freundin?«, rief sie fassungslos. »Jerrilein, dann bring sie mit! Wir wollen sie doch kennenlernen!«

Dazu sei alles noch zu neu, erklärte ich. Sie lächelte und verkniff sich gerade noch die Frage, wann sie mit dem ersten Enkel rechnen könne.

Heiligabend, 19 Uhr. Sie war pünktlich. Zum ersten Mal im Leben hatte ich mein Wohnzimmer weihnachtlich geschmückt: Nordmanntanne, blaue

Kugeln, gelbe Bienenwachskerzen, Kerzenpyramide aus dem Erzgebirge. Ich hatte die letzten Nächte nicht geschlafen.

»Sei natürlich«, hatte Kurt mir geraten, »und ganz spontan! Alles wird von selbst kommen. Mach dir keine Sorgen.«

Aber wenn ich irgendwelche Bedenken hinsichtlich ihrer Gefühle gehegt hatte, so beseitigte Mathilde sie im Moment ihres Erscheinens. Sie trug High Heels und ein knielanges, cognacfarbenes, ärmelloses Seidenkleid mit Wasserfallkragen und Neckholder, dazu halb transparente, schwarze Nylons. Mir blieb die Luft weg.

»Darf ich reinkommen?«, fragte sie mit einer leicht heiseren Stimme, die ich mir viel heller vorgestellt hatte.

Zögerlich ließ sie sich durch meine Wohnung führen, so langsam voranschreitend und ungläubig um sich blickend wie eine Prinzessin, die in die verbotenen Zimmer des Palastes eingedrungen ist. Schließlich das von den Bienenwachskerzen erleuchtete Wohnzimmer, der Tannenbaum, die Geschenke. Sie ließ sich still davor nieder und sah in das alles hinein wie in ein surreales Gemälde von Dalí.

»Sind die für mich?« Sie zeigte auf die vielen Päckchen.

»Ich fürchte, ja!«

»Wow«, wisperte sie, »und deine Mutter hat dich nicht erschlagen?«

»Ach, Quatsch. Ich habe gesagt, dass ich bei jemand eingeladen bin.«

Ich saß ungefähr drei Meter von ihr entfernt auf den Holzdielen und fragte mich, wie ich jetzt touchy sein könnte.

»Die Arme. Ich bin so eine verdammte Scheiß-Egoistin.«

»Aber Mathilde! Wir haben …«

»Ich weiß, dass ich eigentlich nicht hätte kommen dürfen.«

»Wieso das denn?« Vielleicht jetzt, dachte ich. Vielleicht sollte ich hingehen und tröstend den Arm um sie legen.

»Du weißt, warum. Diese Liebesgeschichten aus dem Netz müssen dort bleiben. Wir können sie nicht in die Wirklichkeit zerren. Dort zerfallen sie wie Vampire im Tageslicht. Deshalb …«

Ich bekam einen Kloß im Hals. Irgendwas stimmte nicht. »Sorry, Jeremias. Aber an wen hätte ich mich sonst wenden sollen? Alle anderen hätten mich für verrückt erklärt. Aber du kennst dich doch aus mit diesem Internet-Liebeswahnsinn. Deshalb dachte ich, dass ich dich fragen muss, ehe ich dort hingehe.«

»Wohin denn? Was ist denn bloß los, Mathilde?«

Sie sah zu Boden. Schon bevor sie gekommen war, hatte ich *Totally White Christmas* aufgelegt, eine CD mit fünfzig verschiedenen Aufnahmen des meistverkauften Liedes der Welt. Es hatte witzig sein sollen. Louis Armstrong sang es so gurgelnd vergnügt, als habe er unterm Weihnachtsbaum gerade den besten Sex seines Lebens gehabt.

»Siehst du, ich war in vielen Foren unterwegs. Und ich hatte ja schon lange nichts mehr mit Ha-

rald und war extrem ausgehungert. Also ging ich auf *silent-date.com*.«

»Auf was?«

»Die Idee ist: Man trifft sich, ohne ein Wort zu wechseln, hat Sex und geht wieder. Ich habe das ein paar Mal gemacht, es war mehr oder weniger erbärmlich. Aber seit September schreibe ich dort mit einem Mann. Und das ist wie ein Fluch.«

»Wie ... wie meinst du das?« Mir wurde schwindelig.

»Es ist wie bei uns, wir chatten auf WhatsApp. Er sagt mir, was ich tun soll, und ich gehorche. Aber auf irgendeine geheimnisvolle Weise weiß er immer genau, was mich anmacht. Es ist absolut magisch. Und dann sagt er mir, dass er über Weihnachten in Hamburg ist. Und wenn ich absolut brav wäre, dürfte ich ihn sehen.«

»Was soll das heißen *absolut brav*?«

»Ich müsste eine Suite für uns buchen. In den *Vier Jahreszeiten*. Dann würden wir uns treffen, Heiligabend, 21 Uhr. Er weiß ja nichts von Harald und den Kindern, gar nichts. Für ihn bin ich nur die geile Melissa.« Mit High Heels und ärmellosem Seidenkleid. Alles ergab plötzlich Sinn.

»Jeremias, ich weiß, es ist vollkommen verrückt, aber im Grunde habe ich mich nur von Harald getrennt, um dieses eine Date haben zu können. Von drei bis sieben hatte ich die Kinder, jetzt hat er sie, und ich kann zu ihm. Dabei weiß ich immer noch nicht, ob ich überhaupt gehen soll. Ich war noch nie so verrückt nach jemand. Die ganze Zeit Sex nur

mit Worten, und nun Sex ganz ohne Worte ... silent night, silent date ... Aufregender geht es doch gar nicht. Wenn er aber nun nicht so ist, wie ich gedacht habe? Wenn ihm Haarbüschel aus der Nase wachsen? Was rätst du mir, was soll ich tun?«

Mir war übel. Ein Rat. Sollte das ein Witz sein? Ihr Handy gab einen durchdringenden Eisenbahnpfeifton von sich.

»Oh Gott, das muss er sein!« Sie kramte ihr *iPhone* aus der Handtasche und las die SMS. »Er kann schon früher! Er kann in fünfzehn Minuten da sein. Jeremias, ein Taxi, bitte ruf sofort ein Taxi!«

Natürlich, ein Taxi. Ich ging wie ein Schlafwandler zu meinem Festnetztelefon und wählte sechsmal die sechs. Mathilde schlüpfte in ihren Mantel.

»Vermutlich wird es ganz furchtbar ...«, stammelte sie, »und ich stehe in einer halben Stunde wieder vor deiner Tür ... vermutlich riecht er nach Blumenkohl oder so was ... und dann holen wir die Bescherung nach, okay? Du bist der liebste Mensch der Welt. Tausendundeine Million Dank!«

Sie umarmte mich, drückte mir einen Kuss auf die Wange und rannte die Treppen runter, vier Etagen klackerten ihre High Heels dem großen Unbekannten entgegen. Ich blieb zurück zwischen Kerzenschein, Geschenkeberg und *White Christmas*. Johnny Cash sang gerade, als müsse er volltrunken und barfuß zehn Meilen durch den Schnee. Sie rief nicht an. Und schickte auch keine SMS.

Kurt würde mich wieder aufbauen. Wer sonst? Nächstes Mal würde ich mich detailliert an seine

Ratschläge halten und nicht wieder alles versieben. Wir trafen uns wie immer am Abend des ersten Weihnachtstages in der *Titanic* in Neumünster. Punkt 21 Uhr.

»Was für ein Schlawiner«, rief er schon zur Begrüßung, »ich will alles wissen, alles! Du Monster-Womanizer!«

Die Ledersessel neben dem Kamin waren noch frei. Zum ersten Mal seit zehn Jahren fiel mir auf, wie viele heidnische Figuren unter der dunklen, hohen Decke hingen: ein ausgestopfter Falke, eine Hexe auf einem Besen, ein Skelett im schwarzen Umhang. Sie schienen sich über die Lametta-Deko kaputtzulachen. Debbie war überschminkt wie immer und brachte uns zwei riesige Gläser mit Weihnachtspunsch.

»Du musst mir alles erzählen von deinem Filmkuss, ich bin soooo gespannt!« Kurt strahlte noch mehr als sonst. »Und dann muss ich dir auch was erzählen. Ich weiß ja, wie viele Pirouetten ich gedreht habe in den letzten Jahren ... der ganze alberne Kram ... aber weißt du was? Im Grunde war ich die ganze Zeit nur auf der Suche nach dem perfekten Sex mit der perfekten Frau. Und du wirst es nicht glauben, ich habe ihn gefunden. Für diese Frau würde ich sogar nach Hamburg ziehen. Weißt du, Sex ganz ohne Worte – der absolute Hammer! Aber jetzt erzähl du erst mal – wie isses bei dir gelaufen?«

Sensitiv

Pastor Hake musste irgendwie von meinem *Sensitivity Reading* erfahren haben. Wie sonst hätte er auf die Idee kommen können? »Wir müssen die Weihnachtsgeschichte überarbeiten«, erklärte er mir.

»Wir?«, fragte ich.

»Du«, stellte er klar.

Pastor Hake leitet die Matthäusgemeinde. Vor vielen Jahren hatten wir Leo, Lina und Lukas dort in den Kindergarten gegeben. Nicht weil wir engagierte Christen sind, sondern weil im staatlichen Kindergarten Erzieherinnen mit Tom-Waits-Stimme ihre Arbeitszeit gleichgültig runterrissen und jede freie Minute zum Rauchen in der Spielplatz-Sandkiste nutzten. Im Matthäuskindergarten ging es um Vorlesen, Singen, Englisch, Brettspiele, soziales Verhalten. Da haben wir das bisschen Bibelstunde in Kauf genommen.

Und nun hatte der Pastor mich ausdrücklich in den letzten Novembergottesdienst eingeladen.

Er habe anschließend etwas mit mir zu besprechen, etwas wirklich Wichtiges.

»Sören, ganz ehrlich«, begann er. »Hast du Spuren von Mikroaggression in meiner Predigt entdeckt?«

Wir saßen im *Espresso Coffee House*. Weil er eingeladen hatte, hatte ich die teuerste Variante gewählt, den veganen *Salted Caramel Latte XXL* für 6,95 Euro.

»Vegan«, grübelte er. »Du machst es richtig. Der Planet braucht unsere Hilfe. Aber ich schaffe es einfach nicht, auf Käse und Eier zu verzichten.« Er rührte in einem trüben Kräutertee.

»Also, Mikroaggressionen habe ich nicht entdecken können«, beruhigte ich ihn. »Aber der Raum ist mir etwas zu groß vorgekommen für die Anzahl der Teilnehmer.«

Ich hatte zwölf alte Damen gezählt, die laut Impfstatistik längst hätten tot sein müssen. »Und diese Leere zusammen mit der Dunkelheit wirkt irgendwie …« Ich stockte.

Er beugte sich über den Tisch: »Düster?«

Ich nickte. Eine der Kellnerinnen grinste. Ich merkte, dass es mir peinlich war, mit dem Mann der Kirche hier gesehen zu werden.

»Du hast so recht! Für wen ist unsere Botschaft froh? Für wen, Sören, für wen?«

Ich hob bedauernd die Schultern. Ich hatte diese Botschaft nie als froh empfunden, die unabwendbar auf ein Jüngstes Gericht hinauslief, ohne Anwalt und Revisionsmöglichkeit.

»Aber wir wollen uns ja wandeln.« Er strengte sich zu einem zuversichtlichen Lächeln an. »Und ich glaube, du kannst dabei helfen. Eure Familie hat immer so etwas Fröhliches. In diese Richtung soll es gehen.« Es gebe bereits ermutigende Zeichen. Der Kindergarten sei auf Jahre hinaus ausgebucht. Der Posaunenchor werde ständig für Benefizbasare gebucht. Er selbst bilde sich fort: Familienaufstellung nach Hellinger, Gottesdienstgitarre, Ausdruckstanz, afrikanisches Töpfern. Dazu habe er mit geschlechtersensiblen Pastoren den *Arbeitskreis feministische TheologInnen in der Nordelbischen Kirche* gegründet und werde in der Adventsausgabe des *Nordelbischen Kirchenboten* einen mutigen Aufsatz veröffentlichen: *Das schwarze Schaf? Praktischer Antirassismus im Gottesdienstalltag.*

»Na, das hört sich gut an!«, behauptete ich.

»Ja, und nun kommst du ins Spiel, Sören. Du kennst dich ja aus mit *Sensitivity Reading*!« Er sah mich unerwartet scharf an.

Ich fühlte mich ertappt. Da hatte sich etwas herumgesprochen. Bei meinem Buch über Couchsurfing in Afrika war dem Verlag in letzter Minute aufgefallen, dass da ein Weißer über Schwarze schrieb. Eine geschulte *Sensitivity Readerin* war auf den Text angesetzt worden und hatte mir erklärt, das Genre des Reiseberichtes sei bereits »weiß und kolonial«. Sie hatte die Worte *Schwarzafrika, Stamm, Busch* und *Häuptling* aus dem Buch gestrichen, außerdem Adjektive wie *jung, alt, schlank, rundlich, hübsch, ebenmäßig, klein* und *groß.* Denn damit wurden Men-

schen aufgrund ihres Aussehens kategorisiert (*Lookism* hieß das Wort). Am Ende strich sie das Wort *Afrika* aus dem Skript, weil es nahelege, die Welt sei dort anders als hier (*Othering* war der Fachausdruck).

Ich hatte Mühe gehabt, ihren Richtlinien zu folgen, zumal ich für das Buch monatelang durch Afrika gereist war, oder jedenfalls durch einen scheinbar anderen Kontinent, während sie in ihrem Leben aus dem Landkreis Braunschweig nicht herausgekommen war.

»Das trifft zu«, sagte ich, »mit *Sensitivity Reading* habe ich Erfahrung.«

»Eben. Und deshalb habe ich diese eine große Bitte an dich.« Sein Blick bekam etwas Flehentliches. »Und du darfst nicht Nein sagen!«

Als ob ich das gekonnt hätte. Im Studium habe ich Magisterarbeiten für andere verfasst. Ich habe neun Freunden beim Umzug geholfen. Ich habe Eva geheiratet. Ich habe nie jemandem einen Gefallen abschlagen können.

»Aber … worum … geht es denn?«

»Um Heiligabend! Um den einzigen Tag, an dem meine Kirche voll ist. Um die Predigt. Wichtiger Besuch hat sich angesagt.«

»Heiko«, flüsterte ich, »ich kann doch keine Predigt schreiben!«

»Das sollst du doch auch nicht!« Er flüsterte nun ebenfalls. »Du sollst einfach nur die *Weihnachtsgeschichte* umschreiben! Sensitiv! Du bist doch total in der Übung!«

Die Kellnerin konnte unmöglich etwas verstanden haben. Aber sie grinste. Ich hätte einen Caffé

Doppio vertragen können, fair und vegan. Aber er zahlte bereits, gab 35 Cent Trinkgeld und bat mich, ihn noch in Richtung seiner Dienstwohnung zu begleiten. Im prasselnden Regen wanderten wir die adventsdekorierte Hegestraße hinunter. Meine Aufgabe, erklärte er, bestehe lediglich darin, die sexistischen und rassistischen Elemente aus der Geschichte von Maria und Josef zu tilgen.

»Lieber zu viel als zu wenig!«, beschwor er.

»Ist das denn überhaupt so sexistisch?«, fragte ich unbedarft. Bisher war mir nichts dergleichen aufgefallen. Würde ich die sensitive Expertin des Verlages zu Hilfe bitten müssen?

»Ja und wie!«, rief er. »Bis wann kannst du fertig sein?«

»Brauchst du es noch vor Weihnachten?«

»Sören!« Er rang die Hände zum Himmel. Seine Verzweiflung war mein einziger Trost.

Abends, während Eva spannende Serien guckte, machte ich mich an meine neue Aufgabe. *Das Evangelium nach Lukas* war eine Enttäuschung. Meine Lieblingsfiguren, die Heiligen Drei Könige mit ihren Bergen an Geschenken, von denen sich meine Mutter immer hatte inspirieren lassen, kamen gar nicht erst vor. Die standen nur bei Matthäus, wo wiederum die Krippe und die Hirten fehlten. In meiner Erinnerung waren Maria und Josef in Bethlehem von Tür zu Tür gelaufen und waren an jedem Gasthauseingang von gierigen Wirten abgewiesen worden, bis sie schließlich diese leer stehende Hütte im Schnee fanden, wo Jesus dann geboren wurde. Bei Luther

stand nur: »Denn sie hatten sonst keinen Raum in der Herberge.« Von Abweisung keine Spur! Hatte der Mann etwas weggelassen? Nein. Andere übersetzten: »Denn sie hatten keine Unterkunft.« Oder immerhin: »Denn im Gasthaus hatten sie keinen Platz bekommen.« Das klang nach einem Roman von Dora Held. Ich begann die Schwere meiner Aufgabe zu ahnen. Und ich hatte nur einen XXL-Becher bekommen.

»Was machst du da, Schatz? Wann kommst du?«, rief Eva aus dem Wohnzimmer.

»Umsatzsteuererklärung fürs vierte Quartal!« Ich hätte ihr die Wahrheit nicht erklären können.

Mit dem Sexismus hatte Heiko allerdings recht gehabt. Gleich viermal auf nur zwanzig Zeilen war vom *HERRN* in Großbuchstaben die Rede. Als ob man sich Gott als Großgrundbesitzer vorstellen müsse. Jetzt fiel es mir auch auf, dass es *der Engel* hieß – hatten Engel nicht etwas Weibliches? Oder waren es vielmehr geflügelte Transmenschen? Eva war Mitglied der Bruderküken-Initiative. Ich könnte sie um Rat fragen …

Zunächst machte ich aus dem *HERRN* kurzerhand *Gott*, aus dem *Weib* die *Verlobte*, und *Herberge* modernisierte ich behutsam zu *Beherbergungsstätte*. *Hirtinnen und Hirten* fand ich übertrieben. Konnte man auf *Hirtende* ausweichen?

Meine Lieblingsstelle war früher die Ansprache des Engels auf dem Felde gewesen: »Fürchtet euch nicht! Siehe, ich verkündige euch große Freude, die allem Volk widerfahren wird, denn euch ist heute der

Heiland geboren, welcher ist Christus der Herr in der Stadt Davids.«

Tja. »Fürchtet euch nicht.« Wirkte das nicht irgendwie bedrohlich, sogar reißerisch, traumatisierend? Und schon wieder der sexistische *Herr*. Durfte man noch vom nationalistisch konnotierten *Volk* sprechen? Ich fand nach mehreren Versuchen die Lösung: »Und die geflügelte Botin rief: Macht euch keine Sorgen! Wir alle können uns freuen, denn heute ist ein Baby zur Welt gekommen, ein besonderes Kind, es heißt Jesus, und mit ihm wird nun alles gut!« Das war schlicht, weniger pastoral, zeitgenössisch und doch emotional.

Schwierig fand ich die Passage: »Und alsbald war da bei dem Engel die Menge der himmlischen Heerscharen, die lobten Gott und sprachen: Ehre sei Gott in der Höhe und Frieden auf Erden und den Menschen ein Wohlgefallen.«

Wer waren denn die *himmlischen Heerscharen*? Und wieso Gott *in der Höhe*? Das war doch wohl der Gestus patriarchaler Einschüchterung. Die katholische Jugend, erfuhr ich, nannte ihn neuerdings Gott+, gesprochen: Gott plus. Aber plus was? Klang irgendwie nach einem Handyvertrag. Ich machte mir einen Weihrauchtee, während Eva schlafen ging, und fand gegen Mitternacht die gültige Formulierung: »Plötzlich strömten viele Menschen herbei und sangen im Chor: ‚Gott hat uns lieb, deshalb lasst uns Frieden schaffen auf dieser Erde, Demokratie, Freiheit und eine gesunde Umwelt, auf dass es allen gut gehe?‘ «

Sensibel erneuert und an die Gegenwart herangeführt – so konnte die frohe Botschaft endlich wieder verstanden werden! Den Klimawandel würde ich auch noch irgendwie unterbringen. Pastor Hake würde begeistert sein.

Immer, wenn ich etwas geschrieben habe, halte ich es für das Beste, was mir je eingefallen ist. Bis zu dem Moment der ersten Rückmeldung. In diesem Fall beim Edelvietnamesen *Wat Pho*, den ich Pastor Hake als Besprechungsort aufgenötigt hatte, da ich schon kein Honorar für meine Arbeit bekam.

»Und?«, fragte ich erwartungsfroh und breitete die grüne Tannenbaumserviette auf meinen Knien aus. An der Pause, die folgte, merkte ich gleich, dass heute etwas anders war. Seine Haare wirkten ungewaschen, seine Haut unrein, möglicherweise hatte er auch vergessen, sich die Zähne zu putzen. Er entfaltete einen Zettel mit Notizen.

»Ja, einiges ist ganz gut oder jedenfalls ausbaufähig«, gestand er mir zu. »Aber anderes ... du erwähnst zum Beispiel an keiner Stelle, dass Jesus schwarz war.«

»War er das?« Ich hatte noch nie davon gehört.

»Denkst du, er war blond und blauäugig? Warst du mal in Israel? Viele sind ganz schwarz da.«

»Na ja, viele ...« Ich räusperte mich. »Die Flüchtlinge aus dem Sudan vielleicht.«

»Ja, und waren Maria und Josef vielleicht keine Geflüchteten aus dem Sudan? Woher willst du das wissen?«

Ich sah ihn entgeistert an. Ich erkannte meinen verlässlich langweiligen Pastor Hake nicht wieder.

Er kroch halb über den Tisch: »Bedroht dich diese Vorstellung in deiner weißen Überlegenheit?«

Wo hatte er sich das denn nun angeeignet? In einem Workshop für gelebte Authentizität? Hatte er in einer Fortbildung *Aggressives Ausagieren für Langzeitpfarrer* erlernt?

Die Kellnerin kam an den Tisch, lächelte holdselig und servierte uns zwei große Schüsseln der berühmten vietnamesischen Reisnudelsuppe mit Koriander.

»Sören, ich bin ganz ehrlich. Ich hatte mehr Klarheit von dir erwartet, mehr Geradlinigkeit, mehr Modernität.«

Er nahm einen zu großen Schluck Weißwein, verschluckte sich, hustete mehrere Male, gab gurgelnde Geräusche von sich, die Augen begannen zu tränen, dann schlug er die Hände vors Gesicht. Schluchzte er? Was war los?

»Es tut mir leid«, flüsterte er plötzlich wie von ferne. »Du tust mir einen Gefallen, für nichts und wieder nichts, obwohl wir uns kaum kennen, obwohl du noch nicht mal gläubig bist, und ich ... ich ...« Er schluchzte?

»Heiko, was ist denn los?« Ich war kurz davor, meine Suppe kalt werden zu lassen.

»Nichts. Also ... Klara und ich, wir haben uns ...«

»Getrennt?«

»Gott bewahre! Gestritten haben wir uns. Wenn

Klara sich scheiden lässt, bin ich erledigt in diesem Club hier!«

Er nahm eine Elchserviette, schnäuzte sich und blickte dann zwei Minuten lang so intensiv ins Leere, dass ich nicht wagte, ihn anzusprechen.

Dann sagte er leise: »Glaubst du, Gott verurteilt einen dafür, dass man liebt?«

»Aber, was redest du denn?«, widersprach ich. »Die Liebe ist etwas Wunderbares, das ist die Essenz der frohen Botschaft! Und wenn es mal in der Ehe nicht mehr so ganz rundläuft ...«

Ich verstummte, weil mir klar wurde: Pastor Hake hatte sich verliebt. Und nun lag seine Ehe in Scherben.

Wir träumen stets von einer weißen Weihnacht, doch was uns dieses Jahr erwartete, war ein regelrechter Schneesturm, der uns ins Gesicht blies. Die fünfhundert Meter zur Matthäuskirche fühlten sich an wie Scotts Expedition zum Südpol. Lukas wollte erst gar nicht mitkommen, Eva musste ihn überreden, Lina zog sich drei Wollpullis übereinander, nur Leo war begeistert: »Endlich Schnee!«, jubelte er. Er ist schon sechzehn, kann sich aber immer noch so freuen wie mit fünf. Leider ist er inzwischen auch schon größer als ich.

Je heftiger der Wind blies und die Schneeflocken trieben, desto gemütlicher wirkte es in der alten Backsteinkirche. Pastor Hake wirkte nicht nur gefasst, sondern gelöst, umringt von aufgeregten Krippenspiel-Kindern. Wir hatten noch lange an dem Text gefeilt, und wer immer zu Besuch kommen würde –

die Bischöfin? –, dies sollte ein ganz besonderer Gottesdienst werden.

Kurz bevor es anfing, ging eine blonde Mittvierzigerin direkt auf ihn zu, zog ihn beiseite und verwickelte ihn in ein Gespräch. Das musste Klara sein, seine Frau. Perfektes Timing für ein Beziehungsgespräch. Ich sah ihn erbleichen. Er blickte auf den Boden, dann zur Seite. Er schien sie einfach nur wegwünschen zu wollen. Wie eine Boxerin, die immer noch auf ihren Kontrahenten eindrischt, der längst in den Seilen hängt, kurz vorm K. o., redete sie auf ihn ein. Dann suchte sie sich einen Platz in der dritten Reihe.

Er kehrte zu den Kindern zurück, geknickt von dieser unfrohen Botschaft. Dann war es so weit. Die Organistin begann, der Kinderchor sang *Vom Himmel hoch*. Hake trat an die Kanzel.

»Fröhliche Weihnachten!«, rief er. »Liebe Kinder, liebe Erwachsene, liebe Gemeinde. Ich möchte heute eine Geschichte erzählen. Keine alte Geschichte für eine alte Zeit, sondern eine neue Geschichte für eine neue Zeit. Eine Geschichte, die sich so hätte abspielen können – und vielleicht auch so abgespielt hat.«

Er tupfte sich festlichen Schweiß von der Stirn. Entweder die echten Kerzen trugen zu stark zur Kirchenerwärmung bei oder er fühlte sich nicht wohl mit unserem Experiment.

»Es begab sich nämlich, dass vor über zweitausend Jahren in einem Dorf namens Bethlehem ein Fest stattfand, ein musikalisches Fest, mit Zimbeln, Trompeten, Lyra und Klampfe, mit Gesang und Tanz,

mit Speis und Trank. Lieder aus aller Herren Länder wurden angestimmt vom Tag bis in die Nacht.«

Wir hatten die Volkszählung als Akt staatlicher Repression identifiziert und in etwas Erfreuliches umgewandelt, ein Musikfestival.

»Und so machte sich auch ein junges Paar aus Palästina auf den Weg zu dem Fest, mit Namen Maria und Josef.«

Er blickte auf seinen Zettel und stockte. Wo war das Problem? Wir waren den Text hundertmal durchgegangen. Er sollte ein antirassistisches Fanal sein. Hatte er schon wieder Angst um seine Stelle?

»Schwarz wie Ebenholz war Marias Haut, ihr geliebter Josef war hellbraun, und die Farbe spielte keine Rolle, weil sie sich liebten.«

Hake sah auf den Text, nahm seine Brille ab, putzte sie kurz, als ob er die Schrift dadurch besser lesen könne. Mir schien, dass sogar seine Hand zitterte, als er die Brille wieder aufsetzte.

»Und weil sie sich liebten«, singsangte der Pastor, »deshalb ... machten sie Liebe miteinander, und so war es kein Wunder, dass Maria ...«, er schluckte, »... schwanger wurde.«

Was war daran so ungewöhnlich, dass er stockte und stammelte?

Leo flüsterte: »Hatten die nicht damals so Zeug aus Schafsdarm oder so? Zum Verhüten?«

Hoffentlich hatte es niemand gehört.

»Und so nahm Josef seine schwangere Maria ...«

In diesem Moment stand eine junge Frau in der zweiten Reihe auf. Ihre Haut war schwarz wie Eben-

holz. Ihr Alter war schwer zu schätzen. Sie sah Pastor Hake zornig an, anscheinend kannte sie ihn relativ gut. Oder mehr als das? Möglicherweise studierte sie Theologie. Vielleicht war es eine ehemalige Konfirmandin. Alle blickten sie an, als sie aufstand, nur Pastor Hake nicht. Sie richtete sich auf, streckte ihren Arm aus, zeigte dem Pastor den ausgestreckten Mittelfinger und verließ dann durch den Mittelgang die Kirche. Wieso diese extreme Geste?, fragte ich mich. Hätte sie nicht glücklich über unsere sensitive Formulierung sein müssen? Oder, wurde mir schlagartig klar, war sie der Grund für seine Ehekrise, wie auch der Grund dafür, dass er die Weihnachtsgeschichte hatte umschreiben wollen?

»Josef nahm sie auf einen Esel«, sprach Hake trotzig weiter, »und so gingen sie Richtung Bethlehem, um daselbst ...«

Nun stand die blonde Mittvierzigerin auf, die vorhin so lange auf ihn eingeredet hatte. Heiko Hake war nicht gewillt, sich noch einmal unterbrechen zu lassen.

»... um noch vor Einbruch der Dunkelheit am Festgelände zu sein und die ganze Nacht ausgelassen zu singen und zu tanzen. Und als sie ...«

»Dann ist es also wahr?«, fragte die Frau wie zerschmettert, mit gebrochener Stimme.

Liebe machen. Schwangerschaft. So langsam begriff ich. Beider Blicke trafen sich für einen Moment. Dann verließ auch sie in schnellen Schritten durch den Mittelgang den Kirchensaal. Hake starrte einen Moment auf seinen Text. Dann raffte er sich auf und

stürmte ihr hinterher: »Klara, Klara!« Er lief aus der Kirche in den Schneesturm.

Die Kanzel war leer. Nach einem Moment der Stille setzte Gemurmel ein, erst vorsichtig, dann unruhig und auch belustigt.

»Kommt der noch mal wieder?«, krächzte eine ältere Dame.

Lina lehnte sich zu mir herüber. »Papa, geh du doch nach vorne! Der kommt nicht mehr!«

»Ausgeschlossen! Ich glaube nicht an das Zeug!«

»Aber den Text hast du mit ihm geschrieben. Du musst das jetzt durchziehen!«

Sie sah mich mit ihren warmen braunen Augen an, die mich immer an meine Omi erinnern, und ich gehorchte mechanisch, ging langsam nach vorn und stellte mich vor die Kanzel.

»Eigentlich habe ich hier nichts zu suchen«, sagte ich. »Aber ich habe mit meinem Freund Heiko, mit Pastor Hake, in den letzten Wochen viel über die Weihnachtsgeschichte nachgedacht. Warum ist das so eine tolle Geschichte, haben wir uns gefragt. Und warum feiere sogar ich als Zweifler so gerne Weihnachten?«

Ich sah meine Familie in der sechsten Reihe. Eva schien wahnsinnige Angst zu haben, dass ich sie mal wieder blamieren würde. *Mach dir keine Sorgen*, dachte ich.

»Warum?«, fragte ich. »Weil es um eine Geburt geht. Weil es ihr erstes Kind ist und die Umstände so widrig sind. Sie haben nicht mal ein Zimmer. Anscheinend auch kein Geld. Aber das ist alles egal. Denn im Stall ist es warm. Das Baby ist gesund. Und

dann kommen alle zu Besuch: die Hirten, die Heiligen Drei Könige. Alle wollen das Neugeborene sehen. So wie heute alle in diese Kirche gekommen sind. Mit all den Kindern. Warum sind Kinder so toll? Warum ist eine Geburt so berührend?«

Ich bin ungläubig. Aber mir stiegen Tränen hoch. Dieses Thema macht mich immer fertig. Aber ich riss mich zusammen, ich wollte Eva nicht blamieren. Ich wollte nicht die erste und letzte Predigt meines Lebens vermasseln.

»Weil wir mit jedem Baby, das in der Krippe liegt, das Leben retten. Das Leben selbst. Wir besiegen den Tod. Deswegen kommt immer die ganze bucklige Verwandtschaft nach der Geburt zu Besuch. Man will sie gar nicht sehen. Sie kommen trotzdem, sie können nicht anders. Es ist eine Art Magnetismus. Sie rennen diesem Stern hinterher.«

Eva gab mir irgendwann ein Zeichen, dass ich dringend zum Ende kommen müsse. Und weil Pastor Hake mir so leidtat, schloss ich mit meinem Lieblingszitat von Jesus: *Wer ohne Sünde ist, der werfe den ersten Stein.*

Dann gab es noch das Krippenspiel, der Chor sang *Oh Du Fröhliche* und *Es lagen die Hirten im Felde bei Nacht* und *In Dulce Jubilo*, und um sechs waren wir wieder zu Hause. Auf dem Balkon lag der Schnee schon einen halben Meter hoch.

»Alter, das war echt zu dick aufgetragen«, sagte Lukas, als wir vorm Tannenbaum mit den gelben Bienenwachskerzen saßen, vor den Geschenken, die wir in den nächsten Stunden auspacken würden.

»Ich fand's schön«, sagte Lina. »Singen wir jetzt noch *Es ist ein Ros entsprungen*?«

»Oh nein«, stöhnte Leo mit seiner neu erworbenen Bass-Stimme. »Nicht singen. Bescherung!«

»Wir singen *Es ist ein Ros entsprungen*, und dann machen wir Bescherung«, bestimmte Eva.

»Na, toll!«, ärgerte sich Leo.

Pastor Hake sieht man jetzt öfter in Eimsbüttel mit seiner jungen, schwarzen Gefährtin sein schwarzes Baby im Kinderwagen spazieren fahren. Es heißt, sie hätten sich auf einem Weltmusikfestival kennengelernt und sie würden bereits zu dritt in seiner Dienstwohnung wohnen.

»Sören«, hatte er bei unserem ersten Treffen nach dem denkwürdigen Weihnachtsgottesdienst gerufen. Ich hatte ihm nicht entwischen können. »Du bist mir einen XXL-Kaffee schuldig! Du sollst eine völlig konventionelle Predigt gehalten haben! Sag mal, habe ich dafür mit dir gearbeitet? Meine Güte! Von *Sensitivity* bist du noch weit entfernt.«

Seine Stelle durfte er behalten.

2105: Last Christmas

»Wann fliegen wir endlich los? Halloo! Dad!«, rief Yoona-Mary.

Seit einer Stunde warteten sie in der Schlange des Airparks Dithmarschen auf die *iGoogle*, die sie für ihren Adventssonntagsausflug gebucht hatten. Jakubus' Herz klopfte. Noch zehn Tage bis Weihnachten. Heute musste er es ihr sagen. Er hatte es schon Monate vor sich hergeschoben.

»Du willst mir etwas sagen?«, fragte sie neugierig.

Er lächelte zurück, leicht gequält. Aus irgendeinem Grund erriet sie fast immer seine Gedanken. Aber bald schon würde kein Raten mehr nötig sein. Ihre Tochter war bereits standardmäßig mit Thoughtscanning ausgerüstet. Eltern, Lehrer und Erzieher konnten sich jederzeit in das Köpfchen ihrer dreijährigen Tochter einloggen.

»Wann fliegen wir loo-oos?« Für ihr Alter war Yoona-Marys Stimme erstaunlich dunkel und kehlig, vor allem, wenn sie wütend wurde. Das erschreckte ihn immer wieder. »Losfliegen! Ich will losfliegen!«

Mirama beugte sich zu ihr runter: »Kann es sein, dass mein Zuckerengel gerade riesige Lust auf eine Coca-Kugel hätte, hmm?«

»Jaaa!« Yoona-Mary griff nach der braun glänzenden Kugel, die die Mutter ihr entgegenhielt, und ließ sie augenblicklich in ihrem Mund verschwinden. »Supermama!«

Es war schrecklich. Mirama erfüllte ihr alle Wünsche. Was für ein Monster sollte da mal rauskommen? Sie waren auf den ersten Platz der Schlange vorgerückt, die benebelnde Chemieration hätte sie sich sparen können.

»Sie haben den langen Rundflug gebucht«, stellte der Airpark-Service-Consultant mit heiserer Stimme fest, während er auf sein Brillendisplay schaute. »Eine Stunde.«

»Nein, nein«, widersprach Jakubus schnell. »Zwei Stunden.«

»Der längste Rundflug ist eine Stunde«, beharrte der Airpark-Mann, der aussah wie ein Bauer in einem Film vor hundert Jahren: Stiernacken, wulstige Augenbrauen, eingedrückte Nase. Diese Physiognomie wurde schon ewig nicht mehr produziert. Sie würde mit ihm von der Erde verschwinden.

»Die Produktionszone Brunsbüttel wurde bis Itzehoe vergrößert«, erklärte er, »wussten Sie das nicht?«

Dann blieb ja nur noch ein winziges Gebiet für den Airpark. Wie absurd. Aber gut, Ameurope hatte zwanzig Milliarden Einwohner, da musste man zusammenrücken. In Coreasia war alles noch viel schlimmer. Einhundertsechzig Milliarden. Grob geschätzt.

»Wir freuen uns, dass in Dithmarschen jetzt noch mehr produziert wird!«, strahlte Mirama und schob Yoona-Mary auf den Aussichtskindersitz. »Die Produktionszonen sorgen dafür, dass der Airpark weiterbestehen kann!«

Für sie ergab immer alles einen Sinn, und den durfte sie ihren Mitmenschen nicht vorenthalten. Eine Verhaltensweise, die er am Anfang noch niedlich gefunden hatte, die ihm nach fünfunddreißig Jahren aber allmählich auf die Nerven ging.

»Fliegen wir jetzt endlich?«, quengelte Yoona-Mary.

Der Service-Bulle schloss kommentarlos die Einstiegsklappe, und die rundumverglaste *iGoogle* erhob sich umgehend in die Luft. Zusammen mit hundert anderen, die links, rechts, über und unter ihnen flogen. Man war nirgendwo mehr allein auf diesem Planeten. Selbst im Himmel nicht.

»So, Zuckerstückchen, Hörknopf aus!« Mirama drückte auf einen Knopf an Yoona-Marys Gürtel.

»Nein! Ist grad so spannend! Nein! Anmachen! Sofort Knopf anmachen!«

Mirama überhörte es.

»Ich freue mich«, strahlte sie, »dass wir jetzt eine ganze Stunde für uns haben, für unsere kleine Fami-

lie, die ja bald noch größer wird. Eine Stunde werden wir durch eine Welt fliegen, die dank des Großen Bill und seiner Anhänger jeden Tag etwas einiger und vollkommener wird. Lasst uns das genießen. In zehn Tagen ist Weihnachten!«

Mirama war Unitarierin durch und durch. Immer fand sie alles gut. Weil sie alles gut finden wollte. Was für eine primitive Lebenseinstellung. Dass es bald nur noch eine Sprache, einen Sport und ein Brettspiel geben würde, empfand sie als *Fortschritt*. Mandarin, Tischtennis und *Mensch ärgere dich nicht*. Und mit dieser Frau sollte er es noch über hundert Jahre aushalten?

»Wenn wir Glück haben, zweihundert Jahre!«, wisperte sie ihm ins Ohr. Ihn schauderte. Hatte sie ihm vielleicht heimlich schon einen Thoughtscanner einpflanzen lassen? Oder waren seine Gedanken so simpel, so vorhersehbar?

»Weihnachten!«, jubelte Yoona-Mary. »Geschenke! *iGlasses*! Ich will *iGlasses*! *iGlasses* zu Weihnachten!«

»Nein, keine *iGlasses*«, stellte Jakubus fest. Das hatte er ihr schon zwanzigmal gesagt. Aber jeden Tag fing sie von Neuem damit an.

»Doch *iGlasses*!«, empörte sich Yoona-Mary. »Will *iGlasses* geschenkt haben!«

Jakubus berührte es auch nach drei Jahren noch merkwürdig, dass sie ihm so gar nicht ähnlich sah. Die tiefdunkelbraune Haut, die riesigen grünen Knopfaugen, die aufgeworfenen rosa Lippen. Alles wie bestellt, ja. Aber war Grün nicht doch ein Fehler gewesen?

Jedes zweite Kind lief mittlerweile mit grünen Augen rum. Und passte das überhaupt zu Dunkelbraun?

»Lass dich einfach überraschen!«, wiegelte Mirama ab. »Und guck mal da, Yoona – ein feuerspeiender Berg! Ein Vulkan! Direkt vor uns!«

Die Landschaft war auf Indonesien programmiert. Am dritten Adventssonntag. Welcher Trottel hatte sich das bloß ausgedacht?

»Geschichte hören«, erklärte Yoona, schloss die Augen und schaltete ihren Hörknopf wieder ein. Diese Generation war selbst durch Vulkane nicht zu beeindrucken. Aber darüber konnte er sich jetzt nicht aufregen. Er musste in den Kampf. Und es gab kaum einen härteren Gegner als Mirama, die sich gerade genüsslich zurücklehnte und ihre Finger zärtlich um seine schlang.

»Mirama, es geht um das Geschenk für meine Mutter.«

»Aber Hase, das steht doch schon fest. Ein Hologramm von Phuong-Charlene.«

Er wurde weich, wenn sie Hase sagte, wie in ihrer allerersten Liebesnacht. Und natürlich wusste sie, dass er weich wurde, wenn sie Hase sagte, und sagte es, weil sie es wusste. Aber jetzt durfte er nicht weich werden. Auf gar keinen Fall.

»Das ist ja gerade der Punkt. Wir müssen noch mal über die Konfiguration reden.«

Sie zog die Augenbrauen hoch.

»Aber Jakubus, das haben wir doch schon hundertmal durchdiskutiert. 1,50, 45 Kilo, IQ 140, geigerisch hochbegabt, hellblonde, lange, seidige Haare,

gut zu kämmen, haselnussbraune Augen, volle Lippen, vier Ersatz ...«

»Ton kaputt! Kaputt! Neu!« Yoona-Mary zeigte entsetzt auf ihren rechten Ohrknopf. Im Grunde sprach die Kleine immer im Befehlston mit ihnen. War das auch programmiert worden?

»Gib ihr halt deinen«, sagte Mirama.

»Ich darf den Firmenknopf so wenig rausnehmen wie du.«

»Dann den anderen.«

»Der ist von der Flugleitung.«

»Soll ich den Kinderknopf rausnehmen, oder was? Ich muss wohl wissen, ob bei Yoona-Mary alles okay ist!«

Der Kinderknopf überwachte alle physischen Funktionen von Yoona-Mary: Puls, Hormone, Hirnströme, Temperatur, Blutdruck, Antikörper, freie Radikale. So konnten sie jede Erkrankung erkennen, bevor sie überhaupt ausbrach.

»Ich sag ja nur. Falls die Flugleitung uns warnen will ...«

»... wird Yoona-Mary das ja auch hören. Gib ihr den Knopf.«

Er reichte ihr den weißen Knopf, den die Kleine sich befriedigt ins Ohr steckte und mit ihrem *iSoul* verlinkte. Mirama hatte mal wieder recht. Die *iGoogle* war programmiert. Was sollte schon passieren? Deswegen machte das Ganze ja auch keinen Spaß. Man konnte nichts beeinflussen, weder die Geschwindigkeit noch die Richtung. Anstatt dass sie die Kugel steuerten, wurden sie von der Kugel gesteuert. Ihm fiel ein,

wie er als Kind noch Fahrrad gefahren war: Der Fahrtwind beim Stehend-Strampeln, das Herzklopfen beim Bergabrasen, das Rennfahrergefühl beim Schlangenlinienfahren und In-die-Kurve-Hineinlegen, das Atemanhalten bei Sprüngen und beim Freihändigfahren. Um 2050 herum waren Fahrräder verboten worden. Zu gefährlich. Als seine Mutter Lina jung gewesen war, hatte es sogar noch Motorräder gegeben. Und Autos.

»Also: vier Ersatz-Zahnreihen, Schuhgröße 35, und die üblichen Standards: schokoladenbraun, BH 65 B, haarlose Körperhaut ...«

»Ganz ehrlich, Mirama. Ist das nicht alles irgendwie ... zu stereotyp?«

»Wie?«

Yoona-Mary hatte schon wieder die Augen geschlossen, während sie an gigantischen Wasserfällen vorüberflogen. Wozu hatten sie eigentlich ihren Platz in der *iGoogle* bezahlt, wenn sie nur ihr Hörspiel hörte?

»Ich meine«, Jakubus zögerte, weil er sich selbst nicht sicher war, »was hältst du zum Beispiel von ... roten Haaren?«

»Zu schwarzer Haut?«

»Warum nicht?«

Mirama musterte ihn spöttisch. Er hasste diesen Blick.

»Es muss ja nicht mal schwarze Haut sein«, fuhr er fort. »Im Moment ist es in, aber ...«

»Also, was hättest du denn gern? Weiße Haut und rote Haare? Am besten noch Akne, Hängebusen und Herpes?« Sie löste ihre Finger aus seinen und

ging in den Kühlschrankmodus über. »Oder vielleicht noch Bluthochdruck, Linkshänderin, Glutenallergie und Angst im Dunkeln?«

»Ich hab letztens gelesen, neunzig Prozent der Neuproduktionen sind hellblond. Die übrigen weißblond. Also, ganz ehrlich, Mirama …«

»Was?« Sie fixierte ihn feindselig. Es machte ihm schon Mühe, seinen Gedanken auch nur auszusprechen. Er räusperte sich und sah ihr dann fest in die Augen.

»Ich finde blond prollig.«

»Prollig? Weißblond ist vielleicht *etwas* prollig, unter Umständen. Hellblond ist *sehr edel.*«

Sie hielt inne. Ihr scharfer Ton gefiel ihr selbst nicht. Unitarier mögen keinen Streit. Sie atmete aus, lächelte wieder und stupste sein Kinn zur Seite.

»Hey guck doch mal … Boooaaaah!«

Es war tatsächlich atemberaubend. Die Sonne ging im Meer unter, in tausend Orange- und Rottönen leuchtete der Himmel am Horizont. 24 Mal am Tag. Einmal pro Stunde. *Airpark Dithmarschen – Fliegen Sie in den Sonnenuntergang hinein!*

»Schätzchen«, Mirama fuhr mit den Fingern durch seine strubbelig-widerspenstigen Locken, »kann es sein, dass du nur sauer bist wegen der Lebenserwartung?«

Mitleid war die schlimmste Form der Verachtung. Natürlich war seine Lebenserwartung geringer als die seiner Kinder. Seine Gene waren nur minimal optimiert worden, 2040, gegen Herzinfarkt, Parkinson und Krebs. Dafür waren seine Kinder derart op-

timiert, dass sie mit ihm gar nichts mehr zu tun hatten. Mirama hätte sie auch mit jedem anderen Mann bestellen können. Er musste jetzt endlich den entscheidenden Punkt ansprechen.

»Da hab ich übrigens ein ganz tolles Angebot von Hyundony gesehen«, sprudelte sie plötzlich los, »für zwanzig Prozent Aufschlag unbrechbare Knochen, hundertzehn Prozent Sehschärfe und gar keinen Sexualtrieb mehr. Insgesamt hundert Jahre Lebenserwartung zusätzlich!«

Natürlich, wenn man sich zwischen 60 und 65 zwei Kinder bestellen musste, war der Sexualtrieb überflüssig. Außerdem brachte er Menschen laufend dazu, unvernünftige Dinge zu tun. Und Unitarier hassten alles, was unvernünftig war und die Lebenserwartung senkte. Trotzdem würde er sich nicht für weitere fünfzig Jahre verschulden, um noch so eine gepimpte Prinzessin zu bestellen, die döste, während sie über eine Elefantenherde hinwegflogen.

»Mirama, wir müssen reden.«

»Über den Kinderkredit? Was ist das bloß immer mit diesem Geiz bei dir! Brauchst du vielleicht ein Altruismus-Coaching? Oder noch eine Coca-Kugel?«

»Nein, mir ist es ernst. Du weißt, es ist das letzte Weihnachten. Und du weißt, was meine Lina sich wünscht. Genauso wie deine Mutter.«

Mirama sah ihn lange an. Und schüttelte langsam den Kopf.

»Du willst einen *Sohn*?«

Allerdings. Am liebsten sogar mit weißer Haut, dunkelbraunen Strubbelhaaren und Knubbelnase,

groß und schlaksig, so wie er selbst. Aber das traute er sich natürlich nicht vorzuschlagen. Seit es über 100 Milliarden Menschen gab, durfte sowieso niemand mehr über 1,50 Meter und fünfzig Kilo produziert werden.

»Mirama, es ist nicht so unsinnig, wie es sich anhört …«

Sie schüttelte den Kopf wie eine Mutter über ihren Sohn, der gerade vorgeschlagen hat, heute Abend auf dem Mond zu zelten.

»Du bist so ein verrückter, verrückter Kerl! Mit 65 noch ein komplettes Kind! Jakubus, soll ich das alles noch mal aufzählen? Jungs werden nicht mehr beschult, nicht mehr versichert, sie kriegen keinen Job und keine Wohnung, und: Überraschung! Deswegen werden sie auch gar nicht mehr produziert.«

»Sehr wohl.«

»Ach? Wo denn?«

»Im Zaunland.«

»Ach, im Black Territory! Der Herr möchte unser Kind in der unregulierten Zone bestellen! Wo denn genau – in der Wüste oder im Busch?«

»In Zimbabwana.«

»Aah! Also echtes High End, ja? Mir hat mal ein Kollege eine Katze aus Zimbabwana mitgebracht. Die hatte Haarausfall, roch nach Urin und hatte *solche* Krallen.«

»Katzen sind Raubtiere, die haben Krallen.«

»Nicht die aus Coreasia.«

»Das sind Suppenkatzen! Meine Güte. Echte Katzen haben Krallen.«

»Was Googapple und Hyundony anbieten, sind echte Katzen. Nur eben ohne Krallen. Aber was sie nicht mehr anbieten, sind Jungs. Und wie du weißt, gibt es keine anderen Firmen mehr. Vermutlich gibt es bald nur noch Hyundony. Und nur noch Frauen. Sie bereiten eine Abstimmung darüber vor ...«

Die Sonne war im Meer versunken wie der Zweifel in den öffentlichen Debatten. Die Unitarier ließen über alles abstimmen: Mandarin oder Amerispanisch? Fußball oder Tischtennis? Schach oder *Mensch ärgere dich nicht*? Tekkno oder Klassik? Kartoffeln oder Reis? Cola oder grüner Tee? Mann oder Frau? Am Ende gab es von allem nur noch eins: grünen Tee, Klassik, weißen Reis und Frauen. Schach habe zu viele Menschen »exkludiert«. Kartoffeln würden dick machen. Cola schade der Gesundheit. Tekkno sei primitiv. Und Fußball – nun ja. Auch bei 160 Milliarden Coreasiaten hatten sie noch nie gegen Ameurope gewonnen. Und in diesem Sommer, bei der letzten Abstimmung, hatte Weihnachten gegen Ostern verloren. Dieses Mal noch, dann war für immer Schluss mit Lametta, Blockflöten und *Es ist ein Ros entsprungen*. Bienenwachskerzen und Tannenbäume gab es schon lange nur noch als Hologramm. Denn eins mochten Unitarier gar nicht: Unfälle. Und anscheinend waren Männer auch so etwas wie ein Unfall, wenn sie jetzt abgeschafft werden sollten. Aber noch war es nicht so weit. Noch war Zeit, sich zu wehren. Er richtete sich auf.

»Yoona-Mary würde sich über einen Bruder freuen. Ich über einen Sohn. Und Lina über einen Enkel.«

Mirama verdrehte die Augen. »Sag mal, bist du sadistisch veranlagt? Wir haben demnächst nur noch extrem scharf aussehende Frauen ohne jeden Sexualtrieb. Unter denen willst du deinen Seung-Tom leben lassen?«

»Wir könnten ihn ja auch ohne Sexualtrieb bestellen.«

»Das ist es ja gerade!« Sie fuchtelte erregt mit ihren Händen in der Luft herum. »Männer sind genetisch nur begrenzt optimierbar! Sexualtrieb, Risikosportarten, Cholerik, Konkurrenzdenken ... du weißt, wie lange wir versucht haben, das wegzuzüchten. Nikotin- und Marihuanakonsum kriegt man noch weg, Fleischessen auch, mit Mühe sogar Alkohol. Aber manches ist einfach nicht unter Kontrolle zu bekommen. Ihr müsst angeben, riskante Dinge tun, und ihr müsst riskante Dinge tun, um damit anzugeben. Deshalb wird eure Lebenserwartung nie so hoch sein wie unsere. Warum sollten wir euch noch produzieren?«

Ja, warum? Vielleicht, weil es auch ganz schön war, mal etwas Aufregendes zu tun? Statt grünen Tee zu trinken, nachdem man drei Stunden Geige geübt hatte? Aber solche Gedanken würde sie nie verstehen. Zum Glück hatte er noch ein anderes, viel stärkeres Argument.

»Mirama, siehst du nicht, wie ungerecht das ist? Eine Tochter haben wir schon. Wir dürfen nur zwei Kinder bestellen. Und ich will einen Sohn. Also?«

War das nicht zwingend? Es war zwingend. Sie flogen durch den tiefblauen Nachthimmel, der von

Abermillionen Sternen erhellt wurde. Was für ein erhabenes Bild. Vermutlich in der Sahara aufgenommen. Es war Jahrzehnte her, dass er den echten, verhangen-trüben Nachthimmel über Dithmarschen gesehen hatte. Lichteinstrahlung ließ die Haut vorzeitig altern, außerhalb des Zaunlandes setzte sich ihr niemand mehr aus.

»Weißt du was, Jakubus?« Sie seufzte, und er war wirklich gespannt, was sie seinem Argument jetzt entgegenhalten würde. »Ich spüre, dass du unglücklich sein willst, und das macht mich ganz traurig. Könntest du nicht endlich Unitarier werden? Dann wärest du glücklich bis an dein Lebensende. Erinnerst du dich an die Sätze des Großen Bill? *Der Mensch ist erst dann vollkommen glücklich, wenn er vollkommen mit seiner Umgebung übereinstimmt. Und weil die Umgebung sich nicht an unzählige Individuen anpassen kann, müssen sich die unzähligen Individuen an ihre Umgebung anpassen.* Ist das so schwer zu verstehen?«

Der Große Bill und seine beiden Hauptsätze. Er könnte kotzen. Nach dieser Logik konnte auch ein Schiffbrüchiger glücklich werden, indem er sich von Salzwasser ernährte.

»So wird aber niemand jemals glücklich werden!«, stieß er hervor. »So funktioniert der Mensch nicht. Und deshalb werde ich auch nie Unitarier werden! Vergiss es!!!«

Mirama atmete resigniert aus.

»Siehst du? Deswegen wird es bald keine Männer mehr geben. Ihr wollt nicht verstehen. Lieber seid ihr unglücklich. Ein ganzes Leben in der Trotzphase.«

Yoona-Mary schlief tief und fest, während sie sich anfauchten. Sie war genauso schwer aus der Ruhe zu bringen wie seine Frau. Vielleicht war das der wichtigste genetische Vorteil der Frauen: ihre Dickfelligkeit. Sie regten sich nicht auf. Deshalb würden sie überleben. Mirama beugte sich zu ihm herüber und sah ihn mit blitzenden Augen an.

»Liebling«, flüsterte sie, »möchtest du, dass ich dich nachher oral befriedige? Ist das der Zweck dieses Gesprächs? Du findest mich verhandlungsbereit!«

Es reichte. Sie waren fünfunddreißig Jahre verheiratet, und sie nahm ihn nicht für fünf Yen ernst.

»Ich möchte einen Sohn!«, schrie er. »Zu Weihnachten! Zu Weihnachten hat Maria einen Sohn geboren, erinnerst du dich? Ich bin nicht wahnsinnig, nur weil ich einen männlichen Nachkommen möchte. Ich bin vollkommen normal. *Ich will einen Jungen!*«

Mirama blieb ruhig. Sie rückte nur ein paar Zentimeter von ihm weg.

»Weihnachten wird abgeschafft. Und Christen gibt es nur noch im Black Territory. Können wir jetzt wieder wie Erwachsene reden?«

»Ich bleibe dabei, Mirama. Ich will das wirklich. Und du wirst mich nicht davon abbringen.«

»Ich will, ich will, ich will«, äffte sie ihn nach. »Jakubus! Du weißt, dass wir uns nicht trennen können. Die Scheidung wurde vor dreißig Jahren abgeschafft. Und du weißt, dass ich am Ende meinen Willen bekomme. Also – warum sträubst du dich so?«

Jakubus erschrak. Nicht über ihre tautologische Argumentation (*du musst mir recht geben, weil du*

mir recht geben musst), die kannte er schon aus vorangegangenen Gesprächen, sondern weil ihm klar wurde, warum alles plötzlich so ruhig und poetisch war: Die anderen *iGoogles* waren verschwunden. Sie mussten schon lange abgebogen sein. Ihre Glaskugel flog ganz allein dem funkelnden Sahara-Nachthimmel entgegen.

»Das mit deiner Mutter verstehe ich doch.« Ihre Stimme wurde plötzlich ganz sanft. »Was hältst du von Folgendem?« Sie strich mit ihren Fingernägeln leicht über seinen Nacken. »Du lässt dir aus Zimbabwana den Kostenvoranschlag für einen Jungen schicken. Da ist doch immer ein Hologramm dabei. Das kolorieren wir schön und schenken es deiner Mum zu Weihnachten. Ich weiß doch, wie Lina immer von Weihnachten schwärmt, als sie noch ein Kind war. Mit ihren Brüdern Leo und Lukas. Mit brennenden Kerzen an echten Bäumen. Mit selbst gebackenen Keksen. Wie sie Sterne mit einer Schere gebastelt hat. Stell dir vor, da durften Privatleute mit Scheren hantieren! Und mit heißen Öfen! Und dann ihr verrückter Dad, was war der – »Schriftsteller«? Da haben sich die Menschen noch selbst ihre Geschichten geschrieben! Und dann die Weihnachtsüberraschungen ihrer Omi Gisela. Wir machen den Traum wahr. Ihre letzte Weihnachtsüberraschung!«

»Sehr witzig. Und dann bestellen wir Phuong-Charlene und die wird zwei Wochen später geliefert. Und dann?«

»Jakubus!« Sie klimperte mit ihren langen Wimpern. »Überleg doch mal.«

»Was?«

Er betrachtete ihr Gesicht. Cell-Rebirthing war wirklich unglaublich. Sie sah kaum älter aus als an ihrem Hochzeitstag. Seine Mutter wirkte nicht vierzig, sondern achtzig Jahre älter als sie.

»Wir machen es so: Wir schenken ihr das Enkel-Hologramm am Heiligabend, am ersten Weihnachtstag einen letzten Rauchtofubraten – und dann schalten wir sie ab.«

»Meine Mutter? Sie ist erst 101!«

»Jakubus.« Wieder dieser Tonfall, der zwischen Mitleid, Resignation und Verachtung changierte. Lange hielt er dies Gespräch nicht mehr durch.

»Wir können uns doch sowieso nicht zwei Kinder und zwei Eltern leisten. Das haben wir doch schon zigmal durchgerechnet.«

Was lief nur immer schief? Er hatte das Gespräch begonnen, weil er einen Jungen wollte statt eines zweiten Mädchens. Und es endete damit, dass seine Mutter abgeschaltet wurde.

»Aber«, stammelte er, »wollten wir nicht erst *deine* Mutter abschalten? Sie ist schon 111!«

»Meine Mum?« Mirama lachte kurz auf. »Die hat noch eine Lunge, zwei Nieren, eine Leber und einen Magen. Deine Mutter hat außer ihrem Gehirn nur noch eine Gallenblase und einen halben Dickdarm.«

Das klang überzeugend. Man durfte nicht schlecht informiert in so ein Gespräch gehen, dann stand man wie ein Depp da. Vor allem durfte man nicht allein durch einen Airpark im Eider-Deichland

fliegen. Hatten sie sich verflogen? Waren sie fehlprogrammiert? Und wieso hatte sich der technische Support noch nicht gemeldet?

Mirama strich ihm die Locken aus der Stirn.

»Schau mal, deine Mutter wird sicher kein Mandarin mehr lernen. Sie mag keinen Reis. Und hat sie nicht mal gesagt, dass sie sich ein Leben ohne Weihnachten nicht vorstellen kann?«

Ihm wurde übel. Der technische Support. Er steckte als Knopf im Ohr seiner schlummernden Tochter. Wahrscheinlich hatte er sich längst gemeldet. Aber die Abschirmakustik ließ nichts aus Yoona-Marys Ohr nach draußen dringen. Scheiß Akustik-Grenzwerte.

»Einen Moment«, sagte er zu Mirama, nahm den Knopf aus dem Ohr seines Kindes und steckte ihn in sein eigenes.

»Hallo? Haallooo? Hört mich jemand? Haaaalloooo?«, brüllte eine Stimme völlig aufgelöst am anderen Ende.

»Ja, hier Jakubus FX2036-IZASMBGA1520874. Ist irgendwas?«

»Irgendwas? Sie sind aus Versehen auf die alte Tour programmiert! Sie hätten spätestens vor zehn Minuten mit dem Notfallschirm abspringen müssen, alle drei! Aber jetzt ist es zu spät. Sie werden in dreißig Sekunden an der neuen Umfassungsmauer unseres Airparks zerschellen. Wir können Ihnen nicht mehr helfen! Ich rufe seit zwanzig Minuten ununterbrochen. Aber ich kann Sie beruhigen, Sie werden alle drei sofort tot sein. Haben Sie noch irgend-

eine Botschaft an irgendjemanden? Vielleicht an Ihre Googapple-Abteilung?«

Jakubus überlegte nicht mehr als eine Sekunde.

»Nein, hier alles wunderbar. Angenehme 23 Grad. Danke für die Info.«

»Ist was?«, fragte Mirama besorgt.

»Hallo?«, schrie der Mann im Ohr. »Haben Sie mich verstanden? Haben Sie verstanden, was ich gesagt habe? Sie werden gleich sterben! Haben Sie noch eine letzte …«

Er stellte den Ton an seinem Gürtel ab, nahm Miramas Hand und drückte sie.

»Alles gut. Wir haben einfach nur die lange Tour gebucht. Die richtig lange Tour.«

Sie sah ihm in die Augen. Und drückte fest zurück.

»Du bist ein Spinner.« Sie beugte sich vor und flüsterte: »Aber ein wunderbarer Spinner. Der beste, den ich mir hätte wünschen können.«

Weiße Reisklumpen, Tischtennis und *Mensch ärgere dich nicht*. Er würde nicht viel verpassen. Und einen kleinen Trost gab es: Bei einem Unfall würde seine Lebensversicherung fällig werden! Davon würde seine Mutter Lina noch ein paar Jahre leben können … Und die spektakuläre Kollision würde es in die Abendnachrichten schaffen, das waren dann seine *seven seconds of fame*: Fehlprogrammierung … technischer Fehler … ganze Familie ausradiert … wobei … war die Regierung nicht immer stolz, dass es gar keine Unfälle mehr gab? Gab es möglicherweise deswegen keine Unfälle mehr, weil nicht mehr

von ihnen berichtet wurde? Und wenn es vertuscht wurde, gäbe es dann möglicherweise auch keine Versicherungsprämie? Vielleicht würde seine Mutter ins Zaunland flüchten können, weit weg von den Unitariern, diesen unheimlichen und unnachgiebigen Propheten des allgemeinen Glücks.

Das Letzte, was er hörte, bevor die *iGoogle* an der gewölbten Mauer des Airparks zerschellte, war die dunkle und kehlige Stimme seiner gerade wieder erwachten Tochter, die fragte, wann sie endlich ankommen würden.

Er schloss die Augen, fühlte Miramas Hand in der seinen und sah und spürte in seiner letzten Sekunde, wie er mit dem Kinderfahrrad einen Berg im Allgäu heruntersauste, acht Jahre alt, den Wind im Gesicht, die Hände fest am Lenker, die Augen aufgerissen, die freie Straße unter ihm und vor ihm, die ihm entgegenkommende Landschaft, sein klopfendes Herz, die Sonne zwischen den Wolken, die Bäume links und rechts, der glatte Asphalt, nur für ihn gemacht, für diesen endlosen Moment. Er strahlte, ein pures Gefühl von Glück.